JN239082

しょうゆ

酢

ごま油

コチュジャン

生クリーム

ケチャップ

赤ワイン

# たれ・ソースの黄金比レシピ345

主婦と生活社

# 目次

## しょうゆ

### 基本
和風基本だれ《肉じゃが》
しょうが焼きだれ《豚のしょうが焼き》 …… 6〜7

### 煮魚
基本の煮魚だれ《かれいの煮つけ》
あっさり煮魚だれ／コラム・煮魚の味つけ比率 …… 8〜9

### 煮物
関東風煮物だれ《筑前煮》／関西風煮物だれ
焼き肉漬けだれ／関東風すき焼きだれ《すき焼き》
関西風すき焼きだれ《関西風すき焼き》 …… 10〜11

### から揚げだれ
和風から揚げだれ《鶏の和風から揚げ》
名古屋風手羽先揚げだれ
塩麹から揚げだれ／エスニック風から揚げだれ
ソースから揚げだれ／イタリア風から揚げだれ …… 12〜13

### しょうゆだし
だしじょうゆ《水炊き》／しょうがじょうゆ
梅じょうゆ／ごまじょうゆ／餃子のたれ
水餃子のたれ／土佐じょうゆ／みたらしあん …… 14〜15

### ポン酢
ポン酢浅漬けだれ《セロリの浅漬け》
ポン酢酢豚だれ／ポン酢だれ
手作りポン酢だれ《豆乳湯豆腐》／白ポン酢だれ …… 16〜17

## 酢

### 基本
三杯酢《きゅうりの酢の物》／二杯酢／土佐酢
照り焼き酢だれ／南蛮酢だれ
ピクルスだれ／和風ピクルスだれ／梅酢 …… 18〜21

### すし酢
手作りすし酢《ちらしずし》／甘酢マリネ
イタリアンマリネ液／チヂミだれ／油淋鶏だれ
冷やし中華だれ …… 22〜23

### バルサミコ酢
バルサミコソース《牛ヒレ肉のステーキ》
洋風照り焼きだれ《豚の洋風照り焼き》
バルサミコきんぴらだれ
フルーツバルサミコソース …… 24〜25

### 黒酢
黒酢の酢豚だれ《黒酢の酢豚》／中華風漬けだれ
こってり黒酢だれ／《鶏と野菜の黒酢あん》
黒酢シロップ／あっさり黒酢だれ …… 26〜27

### ワインビネガー
和風カルパッチョソース《たいのカルパッチョ》
洋風マリネ液／赤ワインビネガーのピクルス液
洋風すし酢／洋風甘酢あん …… 28〜29

## 塩

### 基本
塩だれ《豚肉といんげんの塩炒め》
ねぎ塩だれ／ガーリック塩だれ …… 30〜31

## 塩麹

### 基本
べったら漬け床《大根のべったら漬け》
塩麹ゆずこしょうソース
和風ジェノベーゼソース／豆乳マヨネーズ
和風浅漬け床／塩麹ドレッシング …… 32〜33

## みそ

### みそ煮
魚のみそ煮だれ《さばのみそ煮》
赤みそのみそ煮だれ
コラム・魚のみそ煮だれの味つけ比率 …… 34〜35

### たれ・汁物
西京焼きの漬け床《さわらの西京焼き》
焼きおにぎりだれ／ごぼうみそだれ
ハニーみそだれ／カレーみそだれ
梅みそ漬け床／玉ねぎみそだれ
みそマスタードディップ
関西風の雑煮だし《白みそ雑煮》
韓国風みそ汁／豆乳みそ汁／みそチャウダー
ヨーグルトみそ汁《豆腐入りヨーグルトみそ汁》
酢みそ …… 36〜39

### 鍋物
土手鍋のみそ《かきの半土手鍋》
ちゃんちゃん焼きだれ
みそ煮込みのもと《みそ煮込みうどん》 …… 40〜41

## だし

### 基本
八方だし《かぼちゃの甘煮》
／うどん・そばつゆ …… 42〜43

## 卵

**基本**
卵焼きのもと《だし巻き卵》
フワフワだし巻きのもと《フワフワ巻き》
茶碗蒸しのもと《茶碗蒸し》
イタリア風チーズ茶碗蒸し
コラム・だし巻き卵の味つけ比率

44〜45

## 白だし

白だしの煮物だれ《とうがんとえびの煮物》
和風パスタソース/白だしの浅漬け
スイートマリネ液/白だしジュレ/ポン酢ジュレ

46〜47

## 砂糖

**基本**
基本のシロップ《ホットケーキ》
カラメルシロップ/カラメルソース

48〜49

## たれ

甘辛だれ《肉豆腐》
すっきり甘辛たれ《うなぎのかば焼き丼》
大学いもだれ《大学いも》/とろ〜りメープルシロップ

50〜51

## はちみつ

洋風スペアリブだれ《洋風スペアリブ》
韓国風スペアリブだれ/はちみつ焼き肉だれ
焼き肉みそだれ/焼き肉おろしだれ
焼き肉ピリ辛だれ

52〜53

## ケチャップ

**基本**
ハンバーグソース《ハンバーグ》
ハヤシソースのもと/ドライカレーペースト

54〜55

## あん・たれ

甘酢あん《肉団子》/しょうが甘酢
本格甘酢あん/えびチリソース《えびのチリソース》
レモンケチャップソース
ケチャップサテイソース

56〜57

## ソース（中濃）

**基本**
中華ソーススープ《酸辣湯風スープ》
洋風ソーススープ/洋風ソースドレッシング

58〜59

**煮物**
ソース煮物だれ《ひじきの煮物》/ソース漬けだれ

60

**炒め物**
ソース炒めだれ《八宝菜風ソース炒め》
ソースごまだれ《トンカツ》
焼きそば基本ソース《ソース焼きそば》
焼きそば旨だし入りソース
手作りかき風味ソース/串カツのたれ
タイ風チャーハン/カピ風味カレー

61〜63

## マヨネーズ

**基本**
えびマヨソース《えびマヨ》
マヨネーズソース《えびとセロリのサラダ》
オーロラソース《ピカタ》/クリーミーソース
タルタルソース《ミックスフライ》
レモン風味のタルタルソース
クリーミータルタルソース

64〜67

## たれ・ディップ

アイオリソース風マヨディップ
和風マヨだれ/みそマヨネーズだれ
フルーツサラダソース《フルーツサラダ》
本格クリーム

68〜69

## 油

**バター**
卵黄バターソース《エッグベネディクト》
ハーブバター/ガーリックバター
わさびバター

70〜71

**オリーブ油**
オイルベース《ボンゴレビアンコ》
ペペロンチーノオイル《ペペロンチーノ》
黒オリーブとアンチョビのソース《牛ステーキ》
和風オリーブソース/和風ペペロンチーノソース

72〜73

**ごま油**
ナムルだれ《五色野菜のナムル》
ガーリックオイル
中華風しだれ《なすの揚げ浸し中華風》
ごま油ナッツ/ごまドレッシング

74〜75

## 粒マスタード

**基本**
マスタードソース
《ポークソテーのマスタードソースがけ》
和風マスタード/塩麹マスタード漬けだれ

76〜77

## ドレッシング 78〜83

基本のドレッシング／アンチョビドレッシング
グリーンドレッシング
シーザーサラダドレッシング
マスタードドレッシング
バルサミコドレッシング／レモンドレッシング
マーマレードドレッシング
みそマヨディップ／ピリ辛ドレッシング
ゆずこしょうドレッシング
ハニークリーミードレッシング／塩麹ドレッシング
わさびドレッシング／フルーツドレッシング
バーニャカウダソース／黒酢ドレッシング
香味ドレッシング／中華ドレッシング
スイートチリドレッシング
コールスローのたれ／エスニックドレッシング

## フルーツ 84〜87

いちじくソース《ローストビーフ》
和風ストロベリーソース
マーマレードマヨネーズ／ゆずドレッシング
ゆずポン酢／ゆずディップ／アボカドディップ
レモン塩だれ／キウイドレッシング
Wベリーソース／レモンカードソース

## ホワイトソース 88〜89

クリームシチューソース《チキンクリームシチュー》
クラムチャウダーソース／グラタンソース

## デミグラスソース 90〜91

ビーフシチューソース《ビーフシチュー》
ロコモコ丼ソース／ハヤシライスソース

## トマトソース 92〜93

基本のトマトソース《ペンネアラビアータ》
ミートソースのもと《スパゲティミートソース》

## 乳製品

### 生クリーム 94〜95

ビーフストロガノフソース《ビーフストロガノフ》
ビシソワーズソース／生クリームソース
チョコレートソース／タピオカミルク

### ヨーグルト 96

ヨーグルトソース《ヨーグルトサラダ》
ヨーグルトパンケーキのもと／ヨーグルトみそディップ

### ピーナッツペースト 97

ガドガドソース《ガドガドサラダ》
和風ピーナッツソース／韓国風ピーナッツソース

### ごまペースト 98〜99

洋風ごまだれ《牛しゃぶ》／和風ごまだれ
担々麺ペースト《担々麺》／たい茶漬けのたれ
ごまアイス／ごまソース

## カレー粉 100〜101

基本
タンドリーチキンの漬けだれ《タンドリーチキン》
カレーマヨソース
コラム・カレーにちょい足しする素材

## ココナッツミルク 102〜103

レッドカレーのもと《えびのレッドカレー》
グリーンカレーのもと《鶏肉のグリーンカレー》
簡単タイカレーソース／ココナッツデザートソース

## オイスターソース 104〜105

中華おこわのもと／オイスターカレーだれ
タイ風炒め物ソース／香港風オイスターソース

## 甜麺醤 106

肉みそのたれ《ジャージャー麺》
中華風照り焼きだれ／中華風甘辛だれ

## 豆板醤 107

麻婆ペースト《四川風麻婆豆腐》
バンバンジーだれ／ピリ辛和え物だれ

## コチュジャン 108〜109

スタミナ焼きのたれ《スタミナ丼》
韓国風漬けだれ／コチュジャンだれ

## この本の使い方

### 調味料
調味料の表記が特にない場合は、しょうゆは濃口しょうゆ、砂糖は上白糖、みそは信州みそ、ソースは中濃ソース、柑橘果汁は甘みの少ない雑柑（温州みかん以外）の果汁、油はサラダ油、めんつゆは3倍濃縮のものを指します。

### だし
○だし汁・顆粒だしは特に注記がない場合は、削り節や昆布などでとった和風だしを指します。市販の即席だしを使う場合は、パッケージの表示通りに湯に溶かすなどしてご用意ください。顆粒スープ、固形スープ、コンソメは洋風スープのもとを使用してください。
○水溶き片栗粉は片栗粉の2倍の分量の水で溶いたものを指します。

### 配合の分量
特に注記がないものは、基本2人分を目安にしています。

### 比率
○比率で表記していますが、計量の比率でない場合もあります。大さじ、小さじ、カップなど計量基準が違いますのでご注意ください。
○比率で表記しているものは、必要に応じて量を加減してください。また、ドレッシング、つけだれも作りやすい分量を表記しています。必要に応じて加減してください。

### 分量の表記
○大さじ1は15mℓ、小さじ1は5mℓ、1カップは200mℓです。米を炊く場合の1カップは180mℓ＝1合です。
○にんにく1かけ、しょうが1かけとは、親指の先くらいの大きさを目安にしています。

### 電子レンジの表記
電子レンジの加熱時間は600Wの場合を目安にしています。機種によって加熱時間が異なるので、様子を見ながら加減してください。

---

## スイートチリソース
中華あんかけ焼きそば《五目あんかけ焼きそば》
トマトチリソース／マイルド甘辛だれ
ミーゴレンソース
110〜111

## ナンプラー
ナシゴレンのもと《ナシゴレン》
タイ式チャーハンのもと／ガパオライスのたれ
パッタイのたれ《パッタイ》
フォースープ《牛肉のフォー》
タイ風ドレッシング《青パパイヤのサラダ》
ナンプラーつけだれ／ピーナッツつけだれ
112〜115

## わさび
わさびだし《わさび風味の和風パスタ》
わさびディップ
116

## ゆずこしょう
肉巻きおにぎりのたれ《肉巻きおにぎり》
ゆずこしょう塩だれ／ゆずみそ
117

## 焼き肉のたれ
角煮のたれ《豚の角煮》／牛丼のたれ
118

## めんつゆ
めんつゆ漬けだれ《まぐろの漬け丼》
焼きうどんのたれ
119

## ジェノベーゼ
イタリア風マヨネーズ《イタリアンポテトサラダ》
バジルドレッシング
120

たれ・ソースの保存の仕方 121
調味料のはかり方 122
主な調味料の換算表 123
主なたれ・ソース 使いまわし一覧 124〜127

しょうゆ

しょうゆ **2** 
みりん **1** 
砂糖 **1** 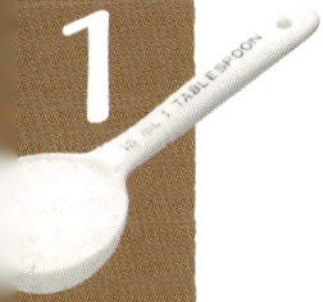
酒 **1**

しょうゆ：みりん：砂糖：酒
**2：1：1：1**
(大) (大) (大) (大)

## 和風基本だれ

使い勝手のよいなじみのある味

- 肉じゃがやきんぴらのもととして使う。

**ヒント** だし汁や水の分量は、具材に合わせて調整する。

### 和風基本だれで作る
### 肉じゃが

**材料と作り方（2人分）**

1. 鍋にサラダ油少々を熱し、食べやすい大きさに切ったにんじん1/2本とじゃがいも小2個、玉ねぎ1個、しらたき1/2袋を軽く炒める。
2. 牛薄切り肉100gを加え、肉の色が変わったら〈和風基本だれ〉、だし汁3/4カップを加え、アクをとって落としぶたをして煮る。

### しょうが焼きだれで作る
### 豚のしょうが焼き

**材料と作り方（2人分）**

1. 豚ロース肉200gは1枚ずつ筋を切り、小麦粉適量をまぶす。2. フライパンにサラダ油を熱し、重ならないよう強火で両面焼き、〈しょうが焼きだれ〉を加え、豚肉をひっくり返しながらたれを煮つめ、全体にからめる。

### 基本だれ＋ひと素材で大人気料理も手間いらず

和風基本だれ ＋ しょうが

### しょうが焼きだれ

＋ しょうがすりおろし1かけ

**使い方**
①〈和風基本だれ〉にすりおろしたしょうがが1かけを加え、しょうが焼きだれを作る。②小麦粉をまぶした豚肉をたれとともに焼く。豚肉とともに玉ねぎを加えると甘みが増す。

**ヒント** 牛肉や鶏肉を使っても美味。

## しょうゆ

**和食に欠かせない日本を代表する味**

発酵食品でもあるしょうゆは、日本料理には欠かせない調味料。

甘味・酸味・塩味・苦味・うまみがバランスよく、どんな料理でも奥行きを与えてくれる。色やコク、味が異なる4種のしょうゆがあり、濃口、薄口、たまり、白、再仕込みなど、地域や用途によって使い分けられる。全国的に使われているのは濃口しょうゆが多い。

| しょうゆ | みりん | 砂糖 | 酒 |
|---|---|---|---|
| 2 | 1 | 2 | 1 |
| 大 | 大 | 大 | 大 |

# 基本の煮魚だれ

こってりとした甘めの味わい
どんな魚もバッチリ！

● 魚をたれとだし汁（または水）とともに煮る。

**ヒント** 魚の大きさに合わせて水の分量を調整する。臭みのある魚の場合は湯引きをし、たれにしょうがを加えるとよい。

## 基本の煮魚だれで作る
### かれいの煮つけ

**材料と作り方（2人分）**
1. 鍋に〈基本の煮魚だれ〉とだし汁（または水）1と1/2カップ、薄切りにしたしょうが1かけを入れて火にかける。2. 煮立ったら、切り目を入れ湯引きをしたかれい2切れを加え、落としぶたをしてときどき煮汁をかけながら煮る。

## 薄口しょうゆを使って上品な味わいに
### あっさり煮魚だれ

| しょうゆ | 薄口しょうゆ | 砂糖 | 酒 |
|---|---|---|---|
| 1 | 1 | 2 | 2 |
| 大 | 大 | 大 | 大 |

**使い方**
①たれの材料をよく混ぜ合わせる。②魚をたれとだし汁（または水）1と1/2カップとともに煮る。白身魚とよく合うたれ。

**ヒント** 魚は湯引きしてから煮るとよい。

### ブロガーさん50人に聞きました！
### 煮魚の味つけ比率

**しょうゆと砂糖の比率が同じ**
やや甘口派
2:1:2:1
7人

**しょうゆとみりんの比率が同じ**
濃口派
3:3:1:4
11人

**一番人気！**
1:1:1:1
15人
さっぱりした味つけ

辛口派
2:1:1:2
3人
砂糖少なめ

甘口派
1:2:2:2
6人
しょうゆ少なめ

その他…8人

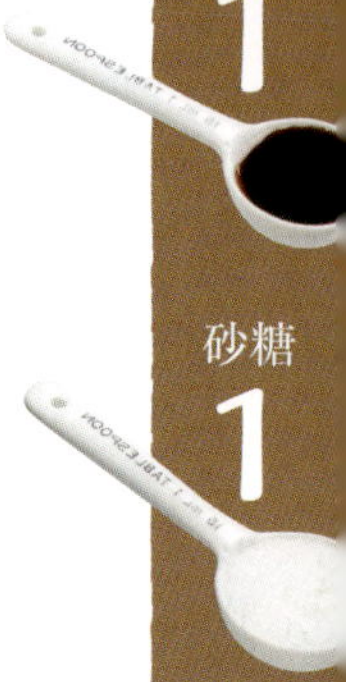

## 関東風煮物だれ

根菜類によく合うやさしい味わい

しょうゆ : 砂糖 = 1 : 1 （大 : 大）

● 好みの具材をたれとだし汁（または水）で煮る。

**ヒント** 牛肉とからめて焼くと牛丼に。好みで酒を加えると味に深みが増す。アクは味が落ちるのできれいにとる。

---

### 関東風煮物だれで作る
## 筑前煮

**材料と作り方（2人分）**
1. 鍋にサラダ油少々を熱し、ひと口大に切った鶏もも肉1/2枚、斜め切りにしたごぼう1/4本、半分に切った生しいたけ2個、ねじりこんにゃく8枚、乱切りにしたにんじん1/4本、いちょう切りにしたゆでたけのこ80g、乱切りにした里いも4個を炒める。2. だし汁1/2カップ、〈関東風煮物だれ〉、酒大さじ1〜2を加えてアクをとり、落としぶたをして30分ほど煮込む。3. 塩ゆでして斜め半分に切ったさやえんどう6枚を加える。

---

### 肉も魚も野菜も漬けるだけでうまくなる
## 焼き肉漬けだれ

〈比率〉
しょうゆ : 酒 : 砂糖 : ごま油 = 5 : 2 : 2 : 1

＋ にんにく・しょうがすりおろし各1かけ

**使い方**
①たれの材料をよく混ぜ合わせる。②好みの肉や魚、野菜をたれに漬けて焼く。

**ヒント** 甘めのたれにしたい場合は梨やりんごのすりおろし大さじ1を、辛めのたれにしたい場合はコチュジャン小さじ1/2を加えても。

---

### 昆布だしを使えばさらに本格的な関西風に
## 関西風煮物だれ

しょうゆ : 砂糖 : 塩 = 1 : 2 : 1/2 （小 : 小 : 小）

**使い方**
①たれの材料をよく混ぜ合わせる。②好みの具材をたれとだし汁（または水）2と1/2カップとともに煮る。

**ヒント** 煮浸しにも。好みで酒を加えると味に深みが増す。

---

しょうゆ 1
砂糖 1

関東風煮物だれ

## 関東風すき焼きだれ

関東風はだし汁を加えた「割りした」を使う

〈比率〉
しょうゆ : みりん : 砂糖 : 酒
2 : 1 : 1 : 1

● 鍋に材料を入れ、ひと煮立ちさせておく。

**ヒント** 肉だけでなく、煮魚や炒め煮のたれ、きんぴらなど幅広く使える。

### 関東風すき焼きだれで作る
## すき焼き

**材料と作り方（2人分）**

1. 鍋を熱し、牛脂を溶かしてなじませる。斜め切りにした長ねぎ1本を焼き香りを出し、2～3等分に切った牛肉200gの両面をさっと焼き、少し焼き色がついたら〈関東風すき焼きだれ〉をまわしかける。
2. 弱火にして、しらたき1/2袋、石づきを切ったえのきたけ1/2袋、生しいたけ2個、ざく切りにした白菜100g、5cm長さに切ったにら1/3束を加えて煮る。溶き卵につけて食べる。

肉に直接たれをからめて作る甘みの強い関西風

## 関西風すき焼きだれ

〈比率〉
しょうゆ : 砂糖 : 酒
1 : 1 : 1

**使い方**
① たれの材料をよく混ぜ合わせる。
② 鍋で牛肉を焼き、焼けた肉の上にたれをかけ、野菜や豆腐などを加えるのが関西風。

**ヒント** 好みでだし汁（昆布だし）を加える。

### 関西風すき焼きだれで作る
## 関西風すき焼き

**材料と作り方（2人分）**

1. 鍋に牛脂を熱し、牛肉を広げてのせ〈関西風すき焼きだれ〉少々を入れからめて、取り出して食べる。
2. 続けて残りの肉や野菜などを入れ、残りのたれを注ぎ入れ、様子を見ながら砂糖などを追加し、好みの加減にする。具材に火が通ったら溶き卵につけて食べる。

## しょうゆ

### 和風から揚げだれ

にんにくとしょうがで嗅覚から食欲をそそる

- たれの材料をよく混ぜ合わせる。
- 鶏肉をたれに漬け、片栗粉をまぶして揚げる。

**ヒント** 2時間以上漬けると味がしっかりとしみ込む。豚肉を使ってもおいしい。

しょうゆ : 酒
大 1 : 1 大

＋ にんにく・しょうが すりおろし各1かけ

---

### 名古屋風手羽先揚げだれ
ほんのり甘辛くてしっとり食感のから揚げ

しょうゆ : 酒 : みりん : 砂糖
大 3 : 大 2 : 大 2 : 大 1

＋ にんにく・しょうが すりおろし各1かけ

**使い方**
①たれの材料をよく混ぜ合わせる。②手羽先8本に小麦粉適量をまぶして揚げ、たれに3～5分漬ける。

**ヒント** 白身魚の揚げだれにも。

---

### 和風から揚げだれで作る
## 鶏の和風から揚げ

**材料と作り方（2人分）**
1.鶏もも肉1枚をひと口大に切る。2.〈和風から揚げだれ〉に漬けて片栗粉適量をまぶし、揚げ油適量でカラリと揚げる。

## しょうゆ

### 塩麹から揚げだれ
漬けだれに卵を加えて
ふっくらジューシーな味わいに

しょうゆ　塩麹
**2 : 2**
（大）（小）

＋ しょうがすりおろし1かけ　卵1個

**使い方**
①たれの材料をよく混ぜ合わせる。鶏肉250gにたれをもみ込み、片栗粉適量をまぶして揚げる。
**ヒント** オイスターソース少々を隠し味に入れるのもおすすめ。塩麹を使うことで、肉質がやわらかく深みのある味わいに。

---

### エスニック風から揚げだれ
やみつきになる独特の風味が魅力

カレー粉　ナンプラー　砂糖　酒
**2 : 2 : 1 : 1**
（大）（大）（小）（大）

＋ にんにくすりおろし1かけ

**使い方**
①たれの材料をよく混ぜ合わせる。②鶏肉250gにたれをもみ込み、片栗粉・泡立てた卵白各適量を混ぜ合わせた衣をまぶして揚げる。
**ヒント** チリパウダーやクミンパウダーなどを入れると、香りが増して刺激的。

---

### イタリア風から揚げだれ
スパイシーなたれと
ハーブ入りの衣が美味

ドライハーブ　酒　塩
**1 : 2 : 1**
（小）（大）（小）

＋ 粒マスタード小さじ1
にんにくすりおろし1かけ
黒こしょう少々

**使い方**
①たれの材料をよく混ぜ合わせる。②鶏肉250gにたれをもみ込み、小麦粉適量をまぶして揚げる。
**ヒント** 素揚げした野菜にからめても。

---

### ソースから揚げだれ
野菜たっぷりのソースを
使ったまろやかな味わい

ソース　ケチャップ
**3 : 1/2**
（大）（大）

＋ にんにくすりおろし1かけ

**使い方**
①たれの材料をよく混ぜ合わせる。②鶏肉250gにたれをもみ込み、片栗粉・薄力粉各適量を混ぜ合わせた衣をまぶして揚げる。
**ヒント** とんかつにも合う。

## しょうゆ

### だしじょうゆ
作り置き可能で便利な万能じょうゆ

〈比率〉
しょうゆ : みりん : だし汁
1 : 1 : 3

- 鍋にだしじょうゆの材料を入れ、ひと煮立ちしたら火を止める。
- 保存する場合は、冷まして冷蔵庫で1週間ほど。煮物や卵かけご飯のかけじょうゆとして使える。

**ヒント** 薄口しょうゆと昆布だしで作れば関西風に。

---

### だしじょうゆで作る 水炊き

**材料と作り方（2人分）**

1. 土鍋に水2カップ、酒1/4カップ、昆布（3×5cm）1枚を入れて30分置き、中火にかけて煮立ったら鶏骨つきぶつ切り肉200gを加え、弱火でアクをとりながら30分煮る。
2. ちぎったレタス適量、型抜きした薄切りのにんじん適量を加えてひと煮し、〈だしじょうゆ〉適量をつけていただく。

---

### ごまじょうゆ
栄養価の高いごまをプラス

〈比率〉
しょうゆ : だし汁
2 : 1

＋ 白いりごま 大さじ1

**使い方**
① たれの材料をよく混ぜ合わせる。② 湯豆腐や刺身のつけだれに。

**ヒント** ごまは白でも黒でもよい。冷蔵庫で2〜3日保存可能。

---

### 梅じょうゆ
ほんのり甘酸っぱい風味豊かな味わい

〈比率〉
しょうゆ : だし汁
2 : 1

＋ 梅干し 1個

**使い方**
① 梅干しは種を除いてたたき梅にし、たれの材料をよく混ぜ合わせる。② 湯豆腐や冷や奴に。納豆とあえても美味。

**ヒント** 冷蔵庫で2〜3日保存可能。

---

### しょうがじょうゆ
しょうがの量はお好みで香り豊かなアクセント

〈比率〉
しょうゆ : だし汁
2 : 1

＋ しょうがすりおろし 1かけ

**使い方**
① たれの材料をよく混ぜ合わせる。② 湯豆腐や冷や奴に。また納豆とあえても美味。

**ヒント** 冷蔵庫で2〜3日保存可能。

しょうゆ

## 餃子のたれ
食欲をそそる まろやかなたれ

〈比率〉
しょうゆ : 酢 : ごま油
2 : 2 : 1

**使い方**
①たれの材料をよく混ぜ合わせる。②長ねぎのみじん切り、にんにく・しょうがのすりおろし各少々を加えてもよい。
**ヒント** 餃子はもちろんのこと、ほかの飲茶にもおすすめ。

## 水餃子のたれ
さっぱりとした梅風味で つるりと食べて

〈比率〉
しょうゆ : 酢 : 黒砂糖 : ごま油
1 : 1 : 1 : 1

＋ にんにく・しょうが すりおろし各1かけ / 梅干し1個

**使い方**
①たれの材料に種を除いて包丁でたたいた梅干し1個、にんにく・しょうがのすりおろし各1かけを加えてよく混ぜ合わせる。
**ヒント** 水餃子につけても、かけてもおいしい。

## みたらしあん
甘辛くてやさしい とろ〜りあん

しょうゆ : みりん : 砂糖
2 : 2 : 1
(大) (大) (大)

**使い方**
①小鍋にみたらしあんの材料と水大さじ3〜4を入れて火にかけ、煮立ってきたら水溶き片栗粉適量を加え、とろみがついたら火を止める。②白玉粉の袋の表記通りに団子適量を作ってゆで、串に刺して表面を焼き、あんをからめる。
**ヒント** 煮つめすぎると固まってしまうので、様子を見ながら火加減の調節を。

## 土佐じょうゆ
煮立てて作る深みのあるしょうゆ

〈比率〉
しょうゆ : みりん : 酒 : だし汁
4 : 1 : 1 : 1

**使い方**
①土佐じょうゆの材料を鍋に入れ、ひと煮立ちしたら火を止め、粗熱がとれたら保存容器に移し、冷蔵庫で保存する。②刺身や冷や奴に使う。卵豆腐に使うのもよい。
**ヒント** 作り置きが可能なので、多めに作っておくとよい。

しょうゆ

## ポン酢浅漬けだれ

さわやかな辛みが特徴の漬け物が楽しめる

酢 大1 : しょうゆ 大1 ＋ 赤唐辛子 1本

- 大根やセロリなど好みの野菜を薄切りにして塩もみし、たれに30分以上漬ける。
- 漬け置きができるので、たれを多めに作り、好みの野菜を漬けておくとよい。

**ヒント** 青じそを加えると風味が増す。辛いのが苦手な人は赤唐辛子の量を減らして。

### ポン酢浅漬けだれで作る
## セロリの浅漬け

**材料と作り方**（2人分）
1. セロリ小2本は筋をとってひと口大の乱切りにし、塩少々でもむ。昆布5cmは固く絞ったぬれぶきんで汚れをふき、キッチンバサミで細切りにする。
2. ビニール袋にセロリ、昆布、〈ポン酢浅漬けだれ〉を入れ、30分以上漬ける。

---

### タイの調味料はひとつだけ
### 本格料理もお手軽
## ポン酢パッタイだれ

しょうゆ 大1 : 酒 大1 : ナンプラー 大2

**使い方**
①たれの材料に水1/2カップを加え混ぜる。②フライパンにサラダ油大さじ1をひき、えび6尾、もやし30g、厚揚げ1/2枚、玉ねぎ1/2個、にら1/2束、桜えび20g、ピーナッツ適量を炒め、ビーフン100gと〈ポン酢パッタイだれ〉を加え、溶き卵を入れる。
**ヒント** ビーフンがない場合はそうめんや中華麺でも。刻んだ赤唐辛子を加えてピリ辛にしても。

---

### 黒酢風酢豚が
### このたれで味わえる
## ポン酢酢豚だれ

しょうゆ 大3 : 酢 大2 : 砂糖 大3 : レモン汁 大1

**使い方**
①たれの材料に鶏ガラスープ1/2カップを加えよく混ぜ合わせる。②食べやすい大きさに切り、片栗粉適量をまぶして揚げた豚肉200gと好みの野菜（合わせて150g程度）をフライパンで炒め、たれを加え、煮立ったら水溶き片栗粉適量を加える。
**ヒント** 味を見て塩・こしょう各少々を加える。

## しょうゆ

### 手作りポン酢だれ
自家製でおいしい！熟成の過程を楽しむ

| しょうゆ | みりん | 酒 | 柑橘果汁 | 酢 |
|---|---|---|---|---|
| 1 | 2 | 2 | 5 | 3 |
| C | 大 | 大 | 大 | 大 |

● みりんと酒を煮切り、残りの材料と昆布（5cm角）1枚、削り節3gとともに密閉容器に入れ、冷蔵庫で2日間置き、こして冷蔵庫で1〜2週間熟成させる。
● 湯豆腐や餃子につけて。

**ヒント** 七味唐辛子や、ゆずこしょう、わさびなどの薬味を加えても美味。

---

### 手作りポン酢だれで作る
### 豆乳湯豆腐

**材料と作り方（2人分）**
1. 鍋に鶏ガラスープ1カップを入れ、沸騰したら鶏肉団子（市販品）150gを加える。
2. 肉に火が通ったら豆乳1/2カップを注ぎ、食べやすい大きさに切った絹ごし豆腐1/2丁と水菜適量を加えて煮、〈手作りポン酢だれ〉適量をつけていただく。

---

### 白ポン酢だれ
愛知特産のしょうゆで上品な味わいのポン酢に

| 白しょうゆ | みりん | 酒 | 顆粒和風だし | 米酢 |
|---|---|---|---|---|
| 1 | 5 | 5 | 1 | 1/2 |
| 大 | 大 | 大 | 小 | C |

**使い方**
① 鍋に白しょうゆとみりん、酒を入れて煮切り、顆粒和風だしを溶かし、粗熱がとれたら密閉容器に入れ、米酢と柑橘果汁を加えて混ぜ、冷蔵庫で一晩置く。湯豆腐や蒸し野菜のつけだれに。

**ヒント** 塩気が足りなければ、塩少々を加える。柑橘果汁はかぼすやゆず、レモンなど2種類以上使うと風味が増す。

**白しょうゆ**
琥珀色で甘みが強い。うどんつゆや吸い物、食材の色を生かしたい料理に。

酢

酢 2 
しょうゆ 2 
みりん 2

## 三杯酢

酢の物全般に使える甘味を加えた合わせ酢

- 三杯酢の材料をよく混ぜ合わせる。
- 野菜や魚介類の酢の物によく合う。

**ヒント** 酸味が強い場合は、だし汁少々を加えるとまろやかになる。ゆずやかぼすを加えても美味。

| 酢 | しょうゆ | みりん |
|---|---|---|
| 2 | 2 | 2 |
| (大) | (大) | (大) |

### 三杯酢で作る
### きゅうりの酢の物

**材料と作り方**（2人分）
1. きゅうり1本は薄切りにして塩もみする。カットわかめ（乾燥）5gは水で戻し、きゅうりとともに水けを絞る。
2. ボウルに入れてしらす大さじ2と〈三杯酢〉を加えてあえ、器に盛ってしょうがの細切り少々をのせる。

---

**肉の臭みも消える　クセのない照り焼きだれ**

### 照り焼き酢だれ

| 酢 | しょうゆ | 砂糖 | 酒 |
|---|---|---|---|
| 2 | 2 | 2 | 2 |
| (大) | (大) | (大) | (大) |

**使い方**
① たれの材料に水大さじ2、しょうが・にんにくのすりおろし各少々を加え、よく混ぜ合わせる。② 肉350gに小麦粉適量をまぶして焼き、たれを加えて煮からめる。

**ヒント** 豚肉や鶏肉に。たれを加えた直後は強火にし、酸味を飛ばす。

---

**三杯酢よりもまろやかな味わい**

### 土佐酢

| 酢 | 薄口しょうゆ | だし汁 | みりん |
|---|---|---|---|
| 1 | 1 | 3 | 2 |
| (大) | (大) | (大) | (大) |

**使い方**
① 小鍋に土佐酢の材料を入れて火にかけ、ひと煮立ちしたら火を止める。② 酢の物のあえだれとして使える。特に白身魚と相性がよい。

**ヒント** 土佐の名産、かつおのだしを加えるのが一般的。

---

**魚介類の酢の物に向く　さっぱりとした酢**

### 二杯酢

| 酢 | しょうゆ |
|---|---|
| 2 | 2 |
| (大) | (大) |

**使い方**
① 二杯酢の材料をよく混ぜ合わせる。② 魚介類やわかめとあえる。

**ヒント** 酸味が強い場合は、だし汁少々を加えるとまろやかになる。白いものをあえるときは薄口しょうゆを使うとよい。

酢

## 健康食材としても知られる最古の調味料

食材を引き立てる酢は、疲労回復や食欲増進、成人病予防など、さまざまな健康効果も期待できるすぐれた調味料。種類は原料によって異なり、穀物酢、醸造酢、果実酢、合成酢など。クセはないが酸味の強い穀物酢、まろやかな酸味の米酢が料理には最適。また、酢は加熱すると甘みが増すので、酸味を生かす場合は最後に入れて。

酢

# 南蛮だれ

冷めてもおいしい！作り置きできるおかずだれ

| 酢 | しょうゆ | だし汁 | 砂糖 |
|---|---|---|---|
| 1/2 | 1 | 1/2 | 2 |
| (C) | (大) | (C) | (大) |

＋ 赤唐辛子1本

● 小鍋にたれの材料と小口切りにした赤唐辛子1本、塩少々を入れ、ひと煮立ちしたら火を止めて冷ます。
● 片栗粉をまぶして揚げた魚や肉、食べやすい大きさに切った生野菜をたれに浸し、味がなじむまで漬ける。

ヒント 黒酢を使っても美味。根菜など堅い野菜は食べやすい大きさに切り、素揚げして漬けるとコクが出る。

## 南蛮だれで作る
## 小あじの南蛮漬け

**材料と作り方**（2人分）
1. 小あじ半身4枚にしょうゆ少々をかけ、小麦粉適量をまぶし、170度の揚げ油で揚げる。2. 薄切りにした玉ねぎ1/2個とみょうが2個、赤唐辛子の小口切り1本、塩少々とともに〈南蛮だれ〉に漬ける。

---

### 夏にぜひ食べたいさっぱり味の漬け物ベース
## 梅酢

| 酢 | 砂糖 |
|---|---|
| 1 | 2 |
| (C) | (大) |

＋ 梅干し大2個

**使い方**
①たれの材料に種を除いた梅干し大2個と塩少々を加え、よく混ぜ合わせる。②密閉容器に好みの野菜を入れ、ひたひたにたれを注ぎ、ふたをして冷蔵庫で一晩以上漬ける。

ヒント きゅうりやみょうががおすすめ。ひと口大に切り、塩もみをしてから漬ける。

---

### 昆布のうまみが野菜にしみ渡る
## 和風ピクルスだれ

| 酢 | しょうゆ | 塩 |
|---|---|---|
| 7 | 2 | 1 |
| (大) | (大) | (小) |

**使い方**
①たれの材料に昆布（5cm角）1枚を加えよく混ぜ合わせる。②密閉容器に好みの野菜を入れ、ひたひたにたれを注ぎ、ふたをして冷蔵庫で一晩以上漬ける。

ヒント 野菜はかぶがおすすめ。ひと口大に切り、塩もみをしてから漬ける。

---

### 好きなハーブを入れてアレンジもできる
## ピクルスだれ

| 酢 | 白ワインビネガー | 砂糖 | 塩 |
|---|---|---|---|
| 7 | 3 | 3 | 1 |
| (大) | (大) | (大) | (大) |

**使い方**
①鍋にたれの材料と水大さじ3を入れ、ひと煮立ちしたら火を止め、冷ます。②密閉容器に好みの野菜を入れ、ひたひたにたれを注ぎ、ふたをして冷蔵庫で一晩以上漬ける。

ヒント 野菜は根菜ならひと口大に切って堅めにゆでる。

酢

## すし酢

**基本のすしめしが簡単に決まる**

酢、砂糖、塩をかけ合わせたものが、一般的なすし酢といわれる。酢や砂糖には防腐効果のほか、冷めた米が硬くなるのを防ぐ効果もある。また、夏と冬では塩気や酸味を感じる感覚が違うので、気候に合わせて酢や塩で微調整するとよい。市販品なら、まろやかな味を生かして南蛮漬けやマリネなど応用範囲も広い。

### 手作りすし酢

**自家製のすし酢は味も香りもひとしお**

● すし酢の材料をよく混ぜ合わせる。
● 昆布（5cm角1枚）を入れて炊いた炊きたてのご飯2カップ分にまわしかけ、切るように混ぜる。

ヒント ちらしずしや手巻きずしなどのご飯に。ゆずの皮をすりおろして入れても香りが出て美味。

| 酢 | 砂糖 | 塩 |
|---|---|---|
| 1/2 (C) | 3 (大) | 1/2 (小) |

### 甘酢マリネ

**ほどよい酸味がどこか懐かしい**

| すし酢 | オリーブ油 | レモン汁 | 塩 |
|---|---|---|---|
| 3 (大) | 1 (大) | 2 (大) | 1/3 (小) |

**使い方**

①たれの材料に黒こしょう少々を加え、よく混ぜ合わせる。②片栗粉をまぶして揚げた魚や肉、食べやすい大きさに切った生野菜適量をたれに浸し、味がなじむまで漬ける。

ヒント 根菜など堅い野菜は食べやすい大きさに切り、ゆでてから漬ける。

### ちらしずし

**手作りすし酢で作る**

**材料と作り方（1人分）**

1. ご飯1カップ分に〈手作りすし酢〉1/2量を混ぜ合わせる。2. ちりめんじゃこ、細切りにしてしょうゆ・砂糖・酒各適量と一緒に煮たにんじん・ごぼう・しいたけ各適量を加え、器に盛る。3. 錦糸卵適量を散らしてひと口大に切った酢れんこん・うなぎ・塩ゆでした菜の花・えび各適量をのせる。

酢

## にんにくの風味で食欲もそそられる
# イタリアンマリネ液

すし酢 : オリーブ油
**2（大） : 1（大）**

+ にんにく すりおろし1かけ

### 使い方
①マリネ液の材料に塩・こしょう各少々、にんにくのすりおろしを1かけ加え、よく混ぜ合わせる。②焼き網で焼いて2cm幅に切った赤ピーマン・黄ピーマン各1個を漬ける。好みの具材のあえだれに。浸して使うのも。
**ヒント** 好みでハーブを加えても。

---

## 気軽に作れる韓国の味
# チヂミだれ

すし酢 : ごま油 : コチュジャン : しょうゆ
**3（大） : 2（小） : 2（小） : 3（大）**

+ 長ねぎ みじん切り 大さじ3
+ 白いりごま 適量

### 使い方
①たれの材料にみじん切りにした長ねぎ大さじ3と白いりごま適量を加え、よく混ぜ合わせる。
**ヒント** チヂミのつけだれとして。湯豆腐のつけだれにも◎。

---

## 味の深みは万能調味料のめんつゆにおまかせ
# 冷やし中華だれ

すし酢 : ごま油 : めんつゆ
**3（大） : 2（大） : 3（大）**

### 使い方
①たれの材料をよく混ぜ合わせる。②冷やし中華のかけだれに。そうめんのつけだれにしてもおいしい。
**ヒント** 辛めが好きな人はからしやラー油を加えるとよい。

---

## さっぱり味の人気中華おかず
# 油淋鶏だれ

すし酢 : ごま油 : しょうゆ : 砂糖
**2（大） : 1/2（大） : 3（大） : 1（大）**

+ 長ねぎ みじん切り 大さじ3
+ にんにく・しょうが すりおろし 各1かけ

### 使い方
①たれの材料にみじん切りにした長ねぎ大さじ3、にんにく・しょうがのすりおろし各1かけを加え、よく混ぜ合わせる。②片栗粉をまぶして揚げた鶏もも肉1枚にかける。鶏肉以外にも豚肉や鮭やあじなどを使っても。
**ヒント** たれにいりごまを加えても美味。

# 酢

## バルサミコ酢

**洋食と相性のよい甘酸っぱいぶどう酢**

ぶどうを原料とした果実酢の一種で、フルーティな香りと甘みが特徴のバルサミコ酢。種類は2種。煮つめると甘みとコクが増すので、肉料理のソースとして使われる黒バルサミコ酢と、さっぱりとした甘酸っぱさで、魚やドレッシングなどと相性のよい白バルサミコ酢がある。甘みがあり、香りもよいので、デザートと合わせても。

## バルサミコソース

**はちみつと赤ワインで口あたりのいい味に**

バルサミコ酢(黒) : しょうゆ : はちみつ : 赤ワイン
3 : 1 : 1 : 3
（大）（大）（大）（大）

● 小鍋にソースの材料を入れて火にかけ、煮つめる。
● ステーキや焼いた鶏肉などにかける。

**ヒント** 味を見て、塩、こしょうで調味する。

### バルサミコソースで作る
## 牛ヒレ肉のステーキ

**材料と作り方**
（2人分）
1. 牛ヒレ肉2枚に塩・こしょう各少々をふって、フライパンで両面をしっかりと焼き、ブランデー適量をふってアルコール分を飛ばし、器に盛る。
2. 〈バルサミコソース〉を同じフライパンで炒め、ステーキにかける。好みの野菜などを添える。

酢

# 洋風照り焼きだれ

風味豊かなバルサミコ酢は本格洋食だれにぴったり

バルサミコ酢(黒) : しょうゆ : みりん : 赤ワイン
1 : 3 : 3 : 1
(大)　(大)　(大)　(大)

● 小鍋にたれの材料を入れて火にかけ、煮つめる。
● 豚肉に小麦粉をまぶして焼き、たれを加えて煮からめる。

**ヒント** 好みでバターを加えるとコクが増す。

## 洋風照り焼きだれで作る
### 豚の洋風照り焼き

**材料と作り方**（2人分）
1. 豚ロース薄切り肉6枚は筋を切り、塩・こしょう各少々をふる。グリーンアスパラ6本は4cm長さに切り下ゆでしておく。
2. フライパンにサラダ油大さじ1/2を中火で熱し、小麦粉をまぶした豚肉を並べ入れる。両面にこんがりと焼き色がついたら、アスパラと〈洋風照り焼きだれ〉をまわし入れる。全体にからめ、ソースがとろりとしたら火を止める。

## ジャムを使って専門店も顔負けのステーキソースに
### フルーツバルサミコソース

バルサミコ酢(黒) : しょうゆ : りんごジャム : 赤ワイン
2 : 1 : 1 : 1
(大)　(小)　(大)　(大)

**使い方**
① 小鍋にソースの材料を入れ、よく混ぜ合わせて煮つめる。② ステーキやローストビーフにかける。レモン汁少々を加えると風味が増す。

**ヒント** ゆで野菜にかけても。

## 洋風酢を使って和のおかずをアレンジ
### バルサミコきんぴらだれ

バルサミコ酢(黒) : しょうゆ : はちみつ
3 : 3 : 1
(大)　(大)　(大)

**使い方**
① たれの材料をよく混ぜ合わせる。② 鍋にサラダ油を熱し、赤唐辛子の小口切り適量とれんこんの薄切り150gを炒め、たれを加えて煮からめ、いりごまを散らす。

**ヒント** サラダ油のかわりに、バターやオリーブ油を使っても。塩気が足りなければ、塩、こしょうを加えて。

## 黒酢

**米酢がわりに使える長期熟成の健康酢**

玄米や大麦など穀物を原料に熟成、発酵させたのが黒酢。煮つめれば甘みが増し、まろやかなコクのある味に変化。疲労回復や血流改善、脂肪燃焼効果もあるといわれ、健康を考える人には最適なお酢。また、中国の黒酢は〝香醋（こうす）〟といわれ、もち米を原料とし、アミノ酸が非常に多く濃厚な風味と香りが特徴。

---

### 黒酢入りだから健康でおいしい
## 黒酢の酢豚だれ

● 小鍋にたれの材料と鶏ガラスープ1/2カップと塩少々を加え、煮つめる。
● 片栗粉適量をまぶして揚げた豚肉と好みの野菜各適量をフライパンで炒め、たれを加え、仕上げに水溶き片栗粉でとろみをつける。

**ヒント** 味を見て、塩・こしょう各適量を加える。

| 黒酢 | 砂糖 | しょうゆ | レモン汁 |
|:-:|:-:|:-:|:-:|
| 1/2 | 3 | 1 | 1 |
| (C) | (小) | (小) | (大) |

---

### 照りが食欲をそそるさっぱり味
## 中華風漬けだれ

| 黒酢 | しょうゆ | はちみつ | 酒 |
|:-:|:-:|:-:|:-:|
| 4 | 3 | 2 | 3 |
| (大) | (大) | (大) | (大) |

＋ しょうがすりおろし1かけ

**使い方**
① たれの材料にすりおろししょうが1かけを加え、よく混ぜ合わせる。② 好みの肉をたれに漬け込み、オーブンでこんがりと焼く。

**ヒント** スペアリブや骨つき鶏もも肉がおすすめ。

---

### 黒酢の酢豚だれで作る
## 黒酢の酢豚

**材料と作り方（2人分）**

1. 豚肩ロース肉250gは食べやすい大きさに切り、酒小さじ1、しょうゆ大さじ1/2、すりおろしたしょうが小さじ1、片栗粉適量をまぶす。きゅうり1/2本は縞目に皮をむき1.5cm幅に、ミニトマト6個はヘタをとる。2. フライパンにサラダ油大さじ1をひき、豚肉を両面焼く。肉に焼き色がつき火が通ったら、〈黒酢の酢豚だれ〉を加え、煮立ったら水溶き片栗粉適量を加え、火を止めて、ミニトマトときゅうりを入れ混ぜる。

酢

## こってり黒酢だれ

酸味の効いたたれだからペロリといける！

黒酢 砂糖 しょうゆ
**3：3：1**
(大) (大) (小)

● たれの材料に水大さじ3を加え、よく混ぜ合わせる。
● 片栗粉適量をまぶして揚げた豚肉と好みの野菜各適量をフライパンで炒め、たれを加えて煮からめる。

**ヒント** 味を見て、塩・こしょう各適量を加える。

### こってり黒酢だれで作る
## 鶏と野菜の黒酢あん

**材料と作り方（2人分）**

1. 鶏もも肉1/2枚はひと口大に切り、酒・塩・こしょう各適量をもみ込み、薄力粉・片栗粉各大さじ2をまぶし油で揚げる。玉ねぎ1/2個は大きめのくし形切り、にんじん1/3本は乱切り、ピーマン1個はひと口大に切り、素揚げする。2.〈こってり黒酢だれ〉を鍋に入れて加熱し、肉と野菜を加えてひと煮立ちさせ、水溶き片栗粉大さじ1をまわし入れとろみをつける。

---

### あと味さっぱりで魚介に向く
## あっさり黒酢だれ

黒酢 砂糖 しょうゆ
**3：2：1**
(大) (大) (大)

**使い方**
①たれの材料に水大さじ3を加え、よく混ぜ合わせる。②食べやすい大きさに切り、片栗粉適量をまぶして揚げた白身魚と好みの野菜各適量をフライパンで炒め、たれを加えて煮からめる。
**ヒント** 味を見て、塩・こしょう各適量を加える。

### アイスクリームやカットフルーツに甘酸っぱい新鮮な味わい！
## 黒酢シロップ

黒酢 砂糖 水
**2：4：6**
(大) (大) (大)

**使い方**
①シロップの材料をよく混ぜ合わせる。②バニラアイスやカットフルーツ、白玉にかける。
**ヒント** 氷を入れたグラスに黒酢シロップを入れ、ソーダで割っても。すりおろしたしょうがを加えて黒酢ジンジャーシロップにしても。

## 酢

### 赤・白ワインビネガー

**ワインのような香りと渋みの果実酢**

バルサミコ酢同様、ぶどうを原料につくられた果実酢。ぶどう果汁を発酵、熟成させた赤と白の2種がある。どちらもワインのように渋みや香りが高く、赤ワインビネガーは、赤ワインのように煮込み料理などに使い、白ワインビネガーはドレッシングやマリネなど酸味を生かした使い方に最適。また、整腸作用などもある。

### ドレッシングとしても大活躍！

## 和風カルパッチョソース

白ワインビネガー : オリーブ油 : しょうゆ
**3 : 1 : 2**
(大) (大) (大)

● カルパッチョソースの材料に塩・こしょう各少々を加えよく混ぜ合わせる。
● 薄切りにした魚介類、生野菜にかける。

**ヒント** 好みでレモン汁を加えて。

---

### 和風カルパッチョソースで作る
## たいのカルパッチョ

**材料と作り方**（2人分）
1. 薄くそぎ切りにしたたい（刺身用・さく）100gを器に並べ、粗みじん切りにしたパプリカ（赤）・ブラックオリーブ・にんにく・アンチョビ各適量を散らし、ブロッコリースプラウト少々をのせ、〈和風カルパッチョソース〉適量をかける。

酢

### はちみつを入れてまろやかな酸味に
## 洋風マリネ液

白ワインビネガー オリーブ油 はちみつ レモン汁
**4 : 2 : 1 : 1**
(大) (大) (大) (大)

**使い方**
①マリネ液の材料をよく混ぜ合わせ、塩と粗びきこしょうで味を調える。②密閉容器に好みの野菜を入れ、〈洋風マリネ液〉をひたひたに注ぎ、ふたをして冷蔵庫で一晩以上漬ける。
**ヒント** 野菜は根菜ならば、ひと口大に切って堅めにゆで、きゅうりはひと口大に切り、塩もみをしてから漬ける。好みでハーブを加えても美味。

---

### ハーブやスパイスを加えてアレンジも
## 赤ワインビネガーのピクルス液

赤ワインビネガー ドライハーブ 水
**1 : 1 : 4**
(C) (小) (大)

**使い方**
①鍋にピクルス液の材料を入れ、ひと煮立ちしたら火を止め、冷ます。②密閉容器に好みの野菜を入れ、〈赤ワインビネガーのピクルス液〉をひたひたに注ぎ、ふたをして冷蔵庫で一晩以上漬ける。
**ヒント** 野菜は根菜ならば、ひと口大に切って堅めにゆで、きゅうりやセロリならひと口大に切り、塩もみをしてから漬ける。

---

### 洋風酢＋しょうゆで味わいと風味がアップ
## 洋風甘酢あん

赤ワインビネガー 砂糖 しょうゆ 酒
**3 : 4 : 2 : 1**
(大) (大) (大) (大)

**使い方**
①小鍋にあんの材料を入れて火にかけ、煮立ってきたら水溶き片栗粉適量を加え、とろみがついたら火を止める。②焼いた豚肉や魚にかける。
**ヒント** 鶏のから揚げや肉団子にからめても。お弁当にも。

---

### メープルシロップでコクのある甘みをプラス
## 洋風すし酢

白ワインビネガー メープルシロップ
**3 : 1**
(大) (大)

**使い方**
①すし酢の材料に塩少々を加えよく混ぜ合わせる。②炊きたてのご飯にまわしかけ、切るように混ぜる。
**ヒント** ちらしずしや手巻きずしなどのご飯に。生野菜に生ハムやスモークサーモンをのせたサラダにドレッシングがわりにかけても。

# 塩

## どんな料理にも含まれる味のまとめ役

塩は、岩塩と海塩の大きく2種に分けられる。主に、岩塩は陸の食材、海塩は海の食材と相性がよい。苦味とうまみのマグネシウム、甘味のカルシウム、酸味のカリウムなど成分の配合率によって微妙に味が異なる。味を決めるには、入れるタイミングと量が重要。また味つけ以外にも脱水や保存、色落ち抑制など下ごしらえに便利な調味料。

# 塩だれ

さっぱり 用途はいろいろ

| 塩 | ごま油 | 鶏ガラスープの素 | みりん | レモン汁 |
|---|---|---|---|---|
| 1 | 1 | 1 | 1 | 1 |
| 小 | 大 | 大 | 大 | 小 |

- たれの材料をよく混ぜ合わせる。
- 炒め物や焼きそばに。

**ヒント** 味を見て、すりおろしたにんにくやこしょう少々を加えて。

## 塩だれで作る
### 豚肉といんげんの塩炒め

**材料と作り方（2人分）**

1. フライパンにサラダ油大さじ1を熱し、1cm幅に切った豚肉150gと、ゆでて4cm長さに切ったさやいんげん10本を順に炒め、〈塩だれ〉をまわし入れ、塩・こしょう各少々で味を調える。

---

### ガツンとくる味 簡単万能だれ
## ガーリック塩だれ

| 塩 | オリーブ油 |
|---|---|
| 1 | 2 |
| 小 | 大 |

＋ にんにく すりおろし1かけ

**使い方**
①たれの材料にすりおろしたにんにく1かけ、こしょう少々を加えてよく混ぜ合わせる。②肉や魚、野菜のグリルに。パンにつけても美味。

---

### 焼き肉屋さんの定番 ねぎの量は好みで調節して

塩だれ ＋ 長ねぎ

## ねぎ塩だれ

＋ 長ねぎ みじん切り1/2本

**使い方**
①〈塩だれ〉に、みじん切りにした長ねぎ1/2本を加えてよく混ぜ合わせる。②グリルした肉や野菜にかけて食べる。

**ヒント** すりおろしたにんにくを加えてもおいしい。

# 塩麹

## 伝統的かつ革新的な元祖発酵調味料

米麹、塩、水を発酵させてつくられるのが塩麹。日本の伝統的な調味料として古くから親しまれていたが、味にコクが出るので減塩料理にも使え、発酵食品としての栄養もある、とその効果を再認識されている。たんぱく質を分解するので、肉や魚などの下味に使えば、食感をやわらかくしたり、うまみを増加させる効果もある。

## べったら漬け床

こってりとした甘めの漬けだれ

塩麹　砂糖
**4 : 4**
　大　　大

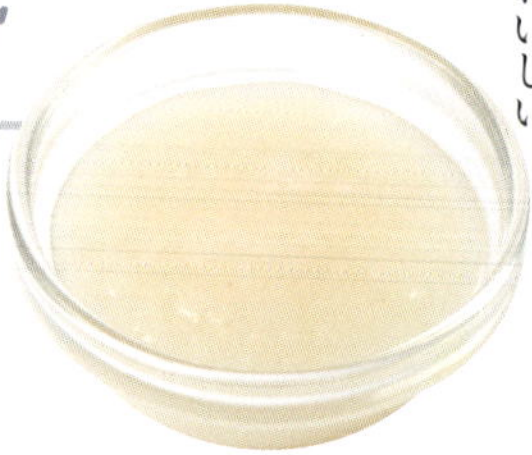

● たれの材料をよく混ぜ合わせる。
● 食べやすい大きさに切った野菜を漬ける。
ヒント　市販のキムチとあえてもおいしい。

### べったら漬け床で作る
### 大根のべったら漬け

**材料と作り方**
（作りやすい分量）
1. 大根600gは輪切りにして、〈べったら漬け床〉を入れたポリ袋に入れもみ混ぜる。2. 1〜2日漬けて、半月切りにする。

## 塩麹ゆずこしょうソース

和と洋が調和したすっきりした味

塩麹　ゆずこしょう　酢　オリーブ油
**1 : 2 : 2 : 1**
　大　　　小　　　　大　　大

**使い方**
①ソースの材料をよく混ぜ合わせる。②かぶや大根など生野菜にかけてサラダにして食べる。

塩

### 青じそをふんだんに使ったさっぱり風味ソース
## 和風ジェノベーゼソース

塩麹 : オリーブ油 = 2(小) : 1½(大) ＋ 青じそ 50g

**使い方**
①フードプロセッサーにソースの材料と青じそ50g、にんにく1かけ、パルメザンチーズ適量を入れ、攪拌する。②1人分のパスタソースや生野菜のサラダ、ポテトサラダのあえだれに。

**ヒント** くるみを加えるとコクがアップ。

### 塩麹と豆乳で手作り
## 豆乳マヨネーズ

塩麹 : サラダ油 : 豆乳 : マスタード : レモン汁 = 1(小) : 1(C) : 4(大) : 2(小) : 2(小)

**使い方**
①マヨネーズの材料をフードプロセッサーに入れて攪拌する。②サラダや温野菜のドレッシングに。マカロニサラダにも。

**ヒント** 白身魚のフライやポークソテーにも。

### 麹とマヨネーズで手軽にコクを
## 塩麹ドレッシング

塩麹 : すし酢 : 粒マスタード : マヨネーズ = 1(大) : 1(大) : 3(大) : 1(大)

**使い方**
①ドレッシングの材料をよく混ぜ合わせる。②ドレッシングやディップとして。

**ヒント** 鶏ささ身、胸肉などを電子レンジで加熱したものにかけても。

### 昆布茶でグッと和テイストに
## 和風浅漬け床

〈比率〉
塩麹 : 昆布茶(粉末) = 2 : 1

**使い方**
①浅漬け床の材料をよく混ぜ合わせる。②食べやすい大きさに切った野菜を漬ける。

**ヒント** 好みでゆずの皮を加えても美味。練り梅を加えるとさらに和風っぽく、さっぱり味に。

## みそ

### しょうゆと肩を並べる日本を代表する発酵調味料

日本の食卓になくてはならないみそは、主に米・麦・豆と麹・塩を発酵させてつくられる。地域によって熟成方法や味も異なり、種類も豊富。また熟成期間が長いと褐色になる。2種合わせて使うとうまみがアップするのも特徴。みそ汁など、加熱する場合、香りが飛ぶので最後に入れるとよい。発酵食品としての健康効果も高い。

# 魚のみそ煮だれ

簡単な配合率でさばとの相性抜群

| みそ | しょうゆ | 砂糖 | みりん | 酒 |
|---|---|---|---|---|
| 3 | 2 | 2 | 2 | 3 |
| (大) | (大) | (大) | (大) | (大) |

●鍋にたれの材料としょうが、水を入れ、ひと煮立ちしたら湯引きした魚を加えて、落としぶた（アルミホイル）をして煮る。

（左側：大さじ計量）
- みそ 3
- しょうゆ 2
- 砂糖 2
- みりん 2
- 酒 3

魚のみそ煮だれ

## 魚のみそ煮だれで作る さばのみそ煮

**材料と作り方（2人分）**
1. 鍋に〈魚のみそ煮だれ〉と水1/2カップ、薄切りにしたしょうが1かけを入れ、煮立ったら切り目を入れて湯引きしたさば2切れを加える。
2. 落としぶたをしてときどき煮汁をかけながら煮、器に盛り、細切りしょうが適量を飾る。

## 香ばしい赤みそでこってり味に 赤みそのみそ煮だれ

| 赤みそ | 砂糖 | 酒 |
|---|---|---|
| 3 | 2 | 3 |
| (大) | (大) | (大) |

**使い方**
① 具材の量に合わせてだし汁（または水）の分量の調節を。
② 煮物や煮魚のたれに。

**ヒント** 鍋で煮つめてふろふき大根にも。

## ブロガーさん50人に聞きました！ 魚のみそ煮だれの味つけ比率

- さっぱりとした味つけ
- **薄口派** 1:1:1:1:1/2 — 10人
- **やや甘口派** 2:3:2:3:1 — 14人
- しょうゆとみりんの比率が同じ
- **一番人気！** 3:2:2:2:3 — 16人
- スタンダードな味つけ
- 砂糖とみりん多めでこってり
- **甘口派** 1:1:3:3:1 — 5人
- その他…5人

みそ

## 西京焼きの漬け床

白いご飯がすすむ風味豊かな甘めの漬け床

| 西京みそ | 砂糖 | 酒 |
|:-:|:-:|:-:|
| 6 | 1 | 2 |
| (大) | (大) | (大) |

- 漬け床の材料をよく混ぜ合わせる。
- 水けをしっかりとふきとった好みの肉や魚を混ぜ合わせた漬け床に入れ、冷蔵庫で2日以上漬けて焼く。

**ヒント** 残ったみそで2〜3回使いまわし可能。

### 西京焼きの漬け床で作る
### さわらの西京焼き

**材料と作り方**（4人分）
1. さわら4切れを半分に切り、水けをしっかりとふきとり、〈西京焼きの漬け床〉に2日以上漬ける。
2. みそをていねいに取り除き、魚焼きグリルで香ばしく焼く。

---

### 何にでも合う万能甘辛だれ
### ハニーみそだれ

| みそ | はちみつ |
|:-:|:-:|
| 3 | 1 |
| (大) | (大) |

**使い方**
①たれの材料をよく混ぜ合わせる。②好みの肉や魚、野菜にたれをつけてオーブントースターで焼く。

---

### 3つの調味料で多国籍風に
### カレーみそマヨだれ

| みそ | カレー粉 | マヨネーズ |
|:-:|:-:|:-:|
| 1 | 1 | 1 |
| (大) | (小) | (大) |

**使い方**
①たれの材料をよく混ぜ合わせる。②鶏肉にからめて焼けば和風タンドリーチキンに。温野菜のディップにしても。

---

### 香ばしいみそ風味が懐かしくておいしい
### 焼きおにぎりだれ

| みそ | みりん |
|:-:|:-:|
| 1 | 1 |
| (小) | (小) |

**使い方**
①たれの材料をよく混ぜ合わせる。②おにぎりにたれをつけてオーブントースターで焼く。

**ヒント** みじん切りにした長ねぎを加えたり、好みの肉や魚、野菜につけて焼いても。

## みそ

### ご飯や田楽に根菜の風味を楽しんで
## ごぼうみそだれ

みそ : 砂糖 : みりん : 酒
4(大) : 3(大) : 1(大) : 2(大)

**使い方**
①小鍋にたれの材料とすりおろしたごぼう1本、ごま油大さじ1を入れて火にかけ、よく混ぜ合わせながら煮つめる。②ご飯や焼いた肉、魚、野菜などにかけて。

**ヒント** 青じそを加えてもよい。

+ ごぼう すりおろし 1本

---

### 梅とみその塩梅が絶妙 ほんのりさわやかな漬け床
## 梅みそ漬け床

みそ : 砂糖 : みりん
6(大) : 9(大) : 5(大)

**使い方**
①漬け床の材料をよく混ぜ合わせる。②水けをしっかりとふきとった好みの肉や魚を漬け床に入れ、2日以上漬けて焼く。残ったみそで2〜3回使いまわし可能。

梅干し 1個 +

---

### マスタードの辛みがちょうどいいアクセント
## みそマスタードディップ

みそ : 粒マスタード
2(大) : 1(大)

**使い方**
①たれの材料をよく混ぜ合わせる。②グリルした根菜類とよく合う。焼いた肉や魚にかけてもおいしい。

**ヒント** はちみつを加えると子供も好きな味に。ふかしたさつまいもやじゃがいもにも。

---

### 保存のきく万能みそだれ
## 玉ねぎみそだれ

白みそ : 砂糖 : みりん
3(大) : 1(大) : 1(大)

+ 玉ねぎ みじん切り1個

**使い方**
①たれの材料をよく混ぜ合わせる。塩小さじ1/2と、玉ねぎ1個のみじん切りを混ぜ合わせる。好みの肉を2日以上漬けて焼く。

**ヒント** ポン酢じょうゆと混ぜ、餃子や鍋物のたれにも。

みそ

みそベースの雑煮
具材はお好みで

# 関西風の雑煮だし

●鍋にだし汁と好みの具材を入れて煮る。

**ヒント** ゆずの皮を加えると風味が増す。里いも、にんじんなどの根菜野菜は先にだし汁で煮て。餅を入れるなら焼かずに煮るほうが合う。

白みそ : だし汁
3 : 2
(大)  (C)

## 関西風の雑煮だしで作る
### 白みそ雑煮

**材料と作り方**（2人分）
1. 里いも2個は形よく皮をむき、塩もみしてぬめりをとり、にんじん20gは5mm厚さの輪切りに、小松菜1/4束は3cm長さに切り、だし汁（分量外）でゆでる。餅は熱湯でやわらかくゆでる。2. 鍋に〈関西風の雑煮だし〉を入れ、沸騰しないよう汁を作る。3. 椀に餅と野菜を盛り、アツアツの汁をはり、糸がつおをのせる。

---

和風な
やさしい味に
## みそチャウダー

白みそ : 牛乳
2 : 1
(大)  (C)

**使い方**
①鍋にみそチャウダーの材料と好みの具材を入れて煮る。②水1と1/2カップ、こしょう少々を加える。

---

豆のうまみが凝縮された
マイルドな味わい
## 豆乳みそ汁

みそ : 豆乳 : だし汁
1 : 1/2 : 1 1/2
(大)  (C)  (C)

**使い方**
①鍋にみそ汁の材料と好みの具材を入れて煮る。
**ヒント** 中華麺を別ゆでし、ラーメンにしても。さらに卵でとじても美味。

---

甘辛いコチュジャンを
使って
## 韓国風みそ汁

みそ : コチュジャン : だし汁
1 : 1 1/2 : 2
(大)  (大)  (C)

**使い方**
①鍋にみそ汁の材料と好みの具材を入れて煮る。
**ヒント** のりの佃煮を入れても。赤みそで作ってもキムチを加えれば韓国風に。

## さっぱりとしたあと味がやみつきになる
# ヨーグルトみそ汁

| みそ | だし汁 | プレーンヨーグルト |
|:---:|:---:|:---:|
| 1 (大) | 1½ (C) | 2 (大) |

● 鍋にだし汁と好みの具材を入れて煮る。
● みそとヨーグルトを加える。

**ヒント** 酸味が苦手な人はヨーグルトの量を減らして。

### ヨーグルトみそ汁で作る
## 豆腐入りヨーグルトみそ汁

**材料と作り方（2人分）**

1. 鍋にだし汁1と1/2カップと角切りにした豆腐1/2丁を入れて火にかけ、ひと煮立ちしたらみそ大さじ1とプレーンヨーグルト大さじ2を加え、よく混ぜ合わせる。
2. 器に盛って小口切りにしたあさつき適量を散らす。

### 白みそを加えて上品な仕上がりに
## 酢みそ

| 白みそ | 砂糖 | 酢 | みりん |
|:---:|:---:|:---:|:---:|
| 2 (大) | 1 (小) | 1 (大) | 1 (大) |

**使い方**

① たれの材料をよく混ぜ合わせる。② ゆでだこ1本ときゅうり1本を薄切りにし、きゅうりは塩もみして器に盛り〈酢みそ〉をかける。

**ヒント** からしを加えれば魚介類によく合うからし酢みそに。

## 土手鍋のみそ

Wみそ使いで深みのある鍋に

| みそ | 赤みそ | 砂糖 | みりん |
|---|---|---|---|
| 3 | 2 | 2 | 1 |
| (大) | (大) | (大) | (大) |

● たれの材料をよく混ぜ合わせる。
● 土鍋の内側にたれを塗り、溶かしながら煮る。

[ヒント] 魚介類と相性がよい。

### 土手鍋のみそで作る
### かきの半土手鍋

**材料と作り方**
（2人分）
1. 小さめの土鍋の内側の半分に〈土手鍋のみそ〉を薄く塗り、土鍋の深さ2cmまで水を注ぐ。2. 昆布3cm角1枚、酒大さじ1/2カップを入れ、火にかける。3. 煮立ったらみそを少しずつ溶かし、かき（むき身）250g、食べやすい大きさに切った木綿豆腐1/2丁、ざく切りにしたえのきたけ1/2袋とせり1束を加えてさっと煮る。

---

## ちゃんちゃん焼きだれ

好きな具材にたれをかけて焼くだけ

| みそ | みりん |
|---|---|
| 3 | 2 |
| (大) | (大) |

**使い方**
①たれの材料をよく混ぜ合わせる。②フライパンに好みの具材をのせ、たれをかけて焼く。バターを加えるとマイルドに。

[ヒント] 辛みを加えたいなら粗びき黒こしょうやコチュジャンを入れて。

みそ

体も心も温まる冬場のごちそう

## みそ煮込みのもと

八丁みそ : 砂糖 = 4（大） : 1（大）

- たれの材料をよく混ぜ合わせる。
- 鍋にたれの材料とだし汁、好みの具材を入れて煮る。だし汁の量は味を見て調節して。

### みそ煮込みのもとで作る
### みそ煮込みうどん

**材料と作り方**（1人分）

1. 土鍋に〈みそ煮込みのもと〉半量とだし汁1と1/2カップを入れる。2. 沸騰したら冷凍うどん1玉、ひと口大に切った鶏もも肉小1/2枚、食べやすい大きさに切った長ねぎ1/4本と油揚げ1/2枚、飾り切りした生しいたけ2個を加えて煮込み、卵1個を割り入れて卵が半熟状になるまで煮込む。

## だし

### 日本人の魂ともいえる和食の味を決める大黒柱

和食の基本ともいえるだしは、うまみと甘味、塩味が絶妙なバランス。種類にもよるが主な材料は昆布・かつお・煮干し・干しいたけ・鶏肉などにしょうゆ・みりん・砂糖・酒・塩を合わせたもの。特に昆布とかつおを合わせると相乗効果でうまみが倍増する。ちなみに、だしの素は香りが飛びやすいので、入れるのは最後に。

## 八方だし

あらゆる用途（八方）に使える万能だし

**だし汁　薄口しょうゆ　みりん**
**2 : 3 : 3**
　(C)　　(大)　　(大)

- 鍋に八方だしの材料を入れ、ひと煮立ちさせる。
- 煮物や天つゆ、そばつゆに。

**ヒント** 料理や具材によって分量の調整を。

### 八方だしで作る
## かぼちゃの甘煮

**材料と作り方（2人分）**
1. かぼちゃ1/4個（400g）は種とワタをとり、ひと口大に切ってところどころ皮をむき、ラップをして電子レンジ（500W）で3分加熱する。2.〈八方だし〉とともに鍋に入れ、落としぶたをして弱火でやわらかくなるまで煮る。

---

### 簡単にだしをとる！
## 昆布水

昆布水は、「だしをとるのは面倒くさい」「手順が多くて難しい」という人でも簡単に作れて保存のきく、万能だし。ミネラルなど栄養が豊富な昆布を毎日の食事に簡単に取り入れることができる。

**昆布水の作り方**
保存容器に水5カップと昆布10〜20gを入れ、半日〜1日置いて使う。昆布は市販のだし用昆布がよい。煮物用や、酢を使って処理しているものは不向き。

---

## うどん・そばつゆ

八方だしに削り節で深みのある味わいに

- 鍋につゆの材料を入れ、ひと煮立ちしたら火を止め、冷ましてこす。

**ヒント** うどんやそばのつゆ、天つゆとして。冷蔵庫で1週間ほど保存可能。

八方だし ＋ 削り節

削り節
3g

## 卵焼きのもと

卵とだしの割合が重要 混ぜるときは泡立てないで

| だし汁 | 薄口しょうゆ | 砂糖 | 卵 |
|:---:|:---:|:---:|:---:|
| 5 | 2 | 2 | 4 |
| 大 | 小 | 小 | 個 |

- 卵焼きのもとをよく混ぜ合わせる。

**ヒント** だしが多すぎると焼きにくく、焼いたあとでだしがにじみ出ることがあるので注意して。

### 卵焼きのもとで作る
## だし巻き卵

**材料と作り方（2人分）**
1. 卵焼き器にサラダ油適量を薄く塗る。
2. 卵4個と〈卵焼きのもと〉を混ぜ、数回に分けて流し入れ、巻きながら焼く。

---

### フワフワだし巻きのもとで作る
## フワフワう巻き

**材料と作り方（2人分）**
1. うなぎのかば焼き1/3尾分は、卵焼き器の幅に合わせて切る。卵焼き器にサラダ油適量を薄く塗り〈フワフワだし巻きのもと〉1/3量を流し入れ、奥にうなぎをのせ、うなぎを芯にして奥から手前に向けて巻く。2. だし巻き卵と同様に残りの卵液を数回に分けて流し入れ、巻きながら焼く。

### 不思議なくらいフワフワに
卵焼きのもと ＋ 片栗粉

## フワフワ だし巻きのもと

＋ 片栗粉 小さじ2

**使い方**
① 片栗粉がダマにならないように、だし巻きの材料をよく混ぜ合わせる。② 巻きながら焼く。

**ヒント** しらす干しや小口切りにした万能ねぎを加えてもおいしい。ケチャップご飯を包んでオムライスにしても。

---

だし汁 **5** 大
薄口しょうゆ **2** 小
砂糖 **2** 小
卵 **4** 個

卵焼きのもと

だし

# 茶碗蒸しのもと

黄金比をマスターしてプルプルの食感に

| だし汁 | 薄口しょうゆ | みりん | 卵 |
|---|---|---|---|
| 2 | : 1 | : 1 | : 2 |
| ㏄ | 大 | 小 | 個 |

● 茶碗蒸しのもとの材料をよく混ぜ合わせる。

ヒント 気泡ができないように静かに混ぜ合わせるとよい。

## 茶碗蒸しのもとで作る
### 茶碗蒸し

**材料と作り方（2人分）**
1. 器に鶏肉やぎんなんなど好みの具適量を入れ、卵2〜3個と〈茶碗蒸しのもと〉を混ぜ、注ぐ。2. 蒸し器で蒸し、木の芽を飾る。

チーズを入れて
イタリアンな新しい味

茶碗蒸しのもと ＋ マスカルポーネチーズ

### イタリア風チーズ茶碗蒸し

マスカルポーネチーズ 60g

**使い方**
①〈茶碗蒸しのもと〉の材料をよく混ぜ合わせてこす。②塩を少々加え、マスカルポーネチーズ60gと、好みの具とともに器に入れて蒸す。

---

**ブロガーさん50人に聞きました！**
### だし巻き卵の味つけ比率
卵4個に対する比率

やや甘めの食べやすい味つけ
**やや甘口派**
5 : 1 : ½ : 3 : 0
7人

だしとしょうゆのシンプルな味つけ
**辛口派**
5 : 1 : 0 : 0 : 0
11人

**一番人気！**
薄口
だし しょうゆ 塩 砂糖 みりん
5 : 2 : 0 : 2 : 0
大 小 小 小 小
17人
スタンダードな味つけ

砂糖とみりん多めの味つけ
**甘口派**
3 : ½ : 0 : 3 : 2
7人

その他…8人

## だし

### 白だし
**自宅で手軽に料亭のだし味を再現**

白しょうゆや薄口しょうゆなど色の薄いしょうゆと、昆布やかつお節、みりんなどが添加された調味料。濃縮タイプが多く、作る料理によって希釈して使う。素材に色をつけたくない料理に向いているが、塩分は少ないわけではないので注意が必要。上品なだしの味を楽しむ和食にとどまらず、パスタなど洋食の味をまとめるすぐれもの。

---

### 淡い色合いの上品な京だし
## 白だしの煮物だれ

● たれの材料をよく混ぜ合わせる。
● 好みの具材をたれとだし汁（または水）とともに煮る。

**ヒント** 煮物や煮浸しに。

白だし : みりん
**2 : 1/2**
（大）（C）

---

**味つけは白だしのみ！パスタとからめればできあがり**
## 和風パスタソース

白だし : パスタのゆで汁
**1 : 1**
（大）（C）

**使い方**
①たれの材料をよく混ぜ合わせる。②オリーブ油大さじ1とにんにく・赤唐辛子各適量を炒めてから、パスタ1人分と〈和風パスタソース〉を加えるとペペロンチーノ風になる。③パスタをからめるときにバター少々を加えるとコクが増す。

---

**白だしの煮物だれで作る**
## とうがんとえびの煮物

**材料と作り方（2人分）**
1. とうがん300gはひと口大に、えび3尾は背ワタをとって殻をむき1.5cm幅に切る。鍋に水1と1/2カップ、〈白だしの煮物だれ〉、とうがんを入れ落としぶたをして煮る。2.えびを加え、好みで塩を入れ味を調える。水溶き片栗粉大さじ1でとろみをつけ、ゆでた枝豆少々を加える。

## フルーティな酢とはちみつでやさしい味わいに
### スイートマリネ液

白だし : りんご酢
**1（大） : 1/2（大）**

**使い方**
①マリネ液の材料をよく混ぜ合わせる。②①にはちみつ大さじ1とオリーブ油大さじ2、塩・こしょう各少々を加えてよく混ぜ、好みの野菜を漬ける。
**ヒント** おすすめはミニトマト。少しゆでて皮をむいてから漬けて。

## ヨーグルトの乳酸菌で絶品漬け物ができる！
### 白だしの浅漬け

白だし : プレーンヨーグルト
**1（大） : 1（C）**

**使い方**
①密閉容器に好みの野菜を入れ、よく混ぜ合わせた〈白だしの浅漬け〉をひたひたに注ぎ、ふたをして冷蔵庫で半日以上漬ける。
**ヒント** 野菜は根菜ならば、ひと口大に切って堅めにゆで、きゅうりやセロリなら塩もみをしてから漬ける。

## いつものたれをグレードアップ
### 白だしジュレ

白だし : 水 : 粉ゼラチン
**1 1/2（大） : 1/4（C） : 2（g）**

**使い方**
①水大さじ1でふやかした粉ゼラチンを電子レンジで溶かし、白だしと水を混ぜ合わせ、冷蔵庫で冷やし、スプーンで細かくする。
**ヒント** サラダや温泉卵の上にかけたり、濃いめの白だしで作り、そうめんのたれにするのもよい。

## ほかのたれもジュレにして和え物やサラダに
### ポン酢ジュレ

手作りポン酢だれ ＋ 粉ゼラチン

**使い方**
①水大さじ1でふやかした粉ゼラチン5gを電子レンジで溶かす。②〈手作りポン酢だれ（P17参照）〉1カップを加えて混ぜ、冷蔵庫で冷やし、スプーンで細かくする。和え物やサラダにかける。

粉ゼラチン 5g

## 砂糖

**食から得られる「甘み」は大切なエネルギー源**

日本で最も使用されている上白糖、お菓子に向いているグラニュー糖、栄養分が豊富な黒砂糖、ミネラルが多いきび糖、独特の風味とコクがある三温糖など、砂糖の種類もさまざま。甘みをつける以外に、保水力、保存力、脱臭、素材をやわらかくする、つやを出す効果もある。また、砂糖は味がしみ込むのに時間がかかるので、最初に入れるのが基本。

砂糖 3 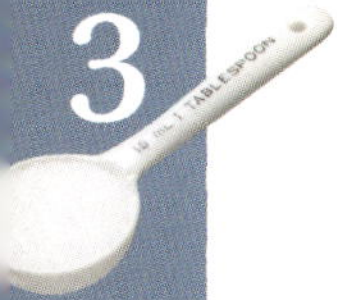
水あめ 1

# 基本のシロップ

パンケーキやフルーツに覚えておきたい基本の配合

〈比率〉
砂糖　水あめ
3 : 1

- 厚底鍋にシロップの材料、水1/2カップを入れて火にかける。
- 砂糖を溶かし、弱火にして沸騰したら、混ぜるのをやめて1分ほど煮つめ、火を止めて冷ます。

**ヒント** サイダーと混ぜればフルーツポンチに。

## 基本のシロップで作る
### ホットケーキ

**材料と作り方（2人分）**
1. ホットケーキミックス適量で袋の表記通りに生地を作り、フライパンでこんがりと焼く。2. 器に盛って〈基本のシロップ〉をかける。

## いつものデザートをグレードアップさせる極上ソース
### カラメルソース

〈比率〉
砂糖　水あめ
3 : 1

**使い方**
① 鍋に水あめを入れて弱火にかけ、沸騰させないように温め、砂糖を加えて中火にして濃いカラメル色になるまで煮つめる。② 沸騰するまで温めた生クリーム1と1/2カップを注ぎ、5mm角に切って冷やした食塩不使用バター25gを加え、泡立て器で攪拌し、なめらかになったら火を止め、冷ます。

**ヒント** アイスクリーム、パンケーキ、フレンチトーストにかける。バターを有塩バター40gにかえ、海塩ひとつまみを加えれば塩カラメルソースに。

## クッキーやケーキの生地に入れてもおいしい
### カラメルシロップ

〈比率〉
砂糖　水あめ
6 : 1

**使い方**
① 厚底鍋にシロップの材料、水1/4カップを入れて弱火にかけ、砂糖を溶かし、中火にして濃いカラメル色になるまで煮つめる。② 火からおろして冷まし、熱湯1/2カップを注いで薄める。

**ヒント** プリンのカラメルにもおすすめ。コーヒーエッセンスを加えてホットケーキやアイスにかけて。コンポートにかけても美味。

基本のシロップ

## 甘辛だれ

覚えやすい黄金比は煮物や照り焼きにおすすめ

| 砂糖 | しょうゆ | 酒 |
|:---:|:---:|:---:|
| 1 | 1 | 1 |
| (大) | (大) | (大) |

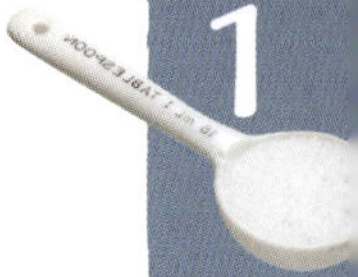

- たれの材料をよく混ぜ合わせる。
- 水とともに煮る。

**ヒント** たれを少し煮つめれば、焼き鳥のたれとして使える。

---

### 甘辛だれで作る
### 肉豆腐

**材料と作り方（2人分）**
1. フライパンにサラダ油大さじ1/2を熱し、牛こまぎれ肉80gを炒める。2. 肉の色が変わったら手でちぎって水きりをした木綿豆腐1/2丁、ざく切りにして下ゆでしたしらたき50g、斜め切りにした長ねぎ1/2本の順に加え、〈甘辛だれ〉と水80mlを注ぎ、汁けがなくなるまで煮る。

---

## すっきり甘辛だれ

メープルシロップで
すっきりやさしい甘みに

| メープルシロップ | しょうゆ | 顆粒だし | 酒 |
|:---:|:---:|:---:|:---:|
| 3 | 4 | 1 | 2 |
| (大) | (大) | (大) | (大) |

### すっきり甘辛だれで作る
### うなぎのかば焼き丼

**材料と作り方（2人分）**
1. 市販のうなぎのかば焼き2枚を4等分に切り、アルミホイルの上にのせてオーブントースターで5分ほど焼き、〈すっきり甘辛だれ〉とからめる。2. どんぶりにご飯適量を盛り、うなぎをのせて木の芽を飾る。

**使い方**
① 鍋にたれの材料を入れ、よく混ぜ合わせて煮つめる。
③ かば焼きのほか、焼き鳥のたれとしても使える。

砂糖 1
しょうゆ 1
酒 1

甘辛だれ

砂糖

## 大学いもだれ
懐かしいおやつのたれもおまかせ！

砂糖 : しょうゆ : はちみつ
**4 : 1 : 2**
(大) (大) (大)

- 小鍋にたれの材料と水大さじ3、黒いりごま適量を入れて火にかけ、とろみがついたら火を止める。
- 揚げたさつまいもとからめる。

ヒント 甘さを控えたいなら砂糖の量を減らして。

### 大学いもだれで作る 大学いも

**材料と作り方（2人分）**
1. さつまいも2本は乱切りにし、水にさらして水けをしっかりとふきとる。
2. 160〜170度に熱した揚げ油で上下を返しながら5分ほど揚げ、黒いりごまを加えた〈大学いもだれ〉をよくからめる。

---

### とろ〜りメープルシロップ
プリンやアイス、ホットケーキに

メープルシロップ : グラニュー糖
**2 : 1**
(大) (大)

**使い方**
①鍋にシロップの材料を入れて火にかけ、温めながら混ぜて冷ます。②様子を見て、混ざりが悪いようなら熱湯少々を加える。

---

### メープルシロップは栄養価も高い注目の優良甘味料

サトウカエデ（メープル）の樹木から採取される樹液を濃縮したシロップ。採取される時期が2〜3週間しかなく、その時期によって等級が分かれており、色や香りも異なる。透明度が高いほど高級。砂糖よりもカロリーが低くミネラルも多く含み、まろやかな甘みが特徴。栄養バランスも非常によく、和洋中どんな料理にも使える甘味料。

砂糖

## はちみつ

**砂糖がわりに使えて高栄養価が◎**

はちみつには栄養だけでなく抗菌作用などさまざまな効果効能がある。特に色が濃いはちみつは、ミネラルも多く味も濃厚。肉料理はしっとりジューシーな味に、魚料理なら臭みを消す効果も。煮物などに使えば、砂糖よりもカロリーが低く味に深みが出る。また、意外にも冷凍保存すると結晶化せず使いやすい。

---

### はちみつ&ケチャップでテリテリジューシーに
## 洋風スペアリブだれ

● たれの材料をよく混ぜる。
● フォークで数か所刺したスペアリブにもみ込み、フライパンで両面を焼いてオーブンでこんがりと焼く。

**ヒント** 好みでガーリックパウダーやシナモンパウダーを加えてもおいしい。

| はちみつ | ケチャップ | ソース | 赤ワイン |
|:-:|:-:|:-:|:-:|
| 1 | 5 | 3 | 3 |
| 大 | 大 | 大 | 大 |

---

### ビールにもよく合うアレンジスペアリブ
## 韓国風スペアリブだれ

| はちみつ | ごま油 | しょうゆ | 酒 |
|:-:|:-:|:-:|:-:|
| 4 | 1 | 1/2 | 1 |
| 大 | 大 | C | 大 |

＋ にんにく・しょうがすりおろし各1かけ

**使い方**
①たれの材料をよく混ぜる。②フォークで数か所刺したスペアリブにもみ込み、フライパンで両面を焼いてオーブンでこんがりと焼く。③りんごのすりおろしを加えると本格的に。いりごま適量を加えても美味。

---

### 洋風スペアリブだれで作る
## 洋風スペアリブ

**材料と作り方（2人分）**
1. 豚スペアリブ500gはフォークで数か所刺し、〈洋風スペアリブだれ〉に2時間以上漬け込む。2. フライパンで豚肉に両面焼き色をつけ、200度に温めたオーブンで20分ほどこんがりと焼く。

| はちみつ | ごま油 | しょうゆ | 酢 |
|:-:|:-:|:-:|:-:|
| 1大 | 1大 | 2大 | 1大 |

## 砂糖よりも複雑な甘みのはちみつを使って
### はちみつ焼き肉だれ

**使い方** ①たれの材料をよく混ぜる。②たれは焼いた肉のつけだれに。肉とからめて焼いてもおいしい。
**ヒント** 好みですりおろしたにんにくとしょうがを加えて。

## はちみつとみそは相性バッチリ！
はちみつ焼き肉だれ ＋ みそ
### 焼き肉みそだれ

みそ 大さじ1と1/2

**使い方** ①たれの材料をよく混ぜる。②たれは焼いた肉のつけだれに。肉を漬けて焼いてもおいしい。
**ヒント** ビビンバの肉の下味としても。

## コチュジャンでピリ辛の韓国風に大変身！
はちみつ焼き肉だれ ＋ コチュジャン
### 焼き肉ピリ辛だれ

コチュジャン 小さじ1

**使い方** ①たれの材料をよく混ぜ合わせる。②たれは肉の漬けだれや焼いた肉のつけだれに。
**ヒント** 野菜とあえてもおいしい。

## 胃もたれ解消にもなる大根おろしを加えて
はちみつ焼き肉だれ ＋ 大根おろし
### 焼き肉おろしだれ

大根おろし 大さじ2

**使い方** ①たれの材料をよく混ぜ合わせる。②たれは焼いた肉のつけだれに。
**ヒント** 豚しゃぶのたれにしてもおいしい。

## ケチャップ

**一家にひとつはある洋食を彩る調味料**

アメリカ生まれのトマトケチャップは、完熟トマトが持つうまみと栄養がたっぷりと含まれた調味料。いまや和食や中華など汎用性も高く、隠し味として使うと味に深みを与えることができる。加熱調理にも使えるなど、あるとかなり便利なもの。

ケチャップ **2** : ソース **1**

## みんなが大好きな簡単定番ソース
## ハンバーグソース

ケチャップ 大2 ＋ ソース 大1 ＋ バター 15g

● 鍋にバターを溶かし、残りの材料を加えてよく混ぜ合わせる。

**ヒント** 量はハンバーグの大きさに合わせて調節する。

### ハンバーグソースで作る
### ハンバーグ

**材料と作り方（2人分）**
1. ボウルに合いびき肉200g、玉ねぎのみじん切り1/2個、パン粉50g、卵1/2個分、牛乳大さじ2、塩・こしょう・ナツメグ各少々を入れてよく練り混ぜて成形する。 2. サラダ油適量を熱したフライパンでしっかり焼き、器に盛って〈ハンバーグソース〉をかける。

---

**汁けがなくなるまで煮つめるのがポイント**

ハンバーグソース ＋ カレー粉小さじ2 ＋ にんにくみじん切り1かけ

### ドライカレーペースト

**使い方**
① フライパンにサラダ油少々を熱し、牛ひき肉150g、みじん切りにした玉ねぎ・セロリ・にんじん各50gを炒める。② 肉の色が変わったら〈ドライカレーペースト〉、湯1/2カップを加え、汁けがなくなるまで煮る。器に盛ったご飯適量の上にかける。

**ヒント** ローリエやナツメグを加えると風味が増す。

---

**ハヤシライスのソースだれはデミグラスソースにおまかせ**

ハンバーグソース ＋ デミグラスソース缶1缶 ※1缶＝約290g ＋ 赤ワイン大さじ3

### ハヤシソースのもと

**使い方**
① 鍋にサラダ油適量を熱し、小麦粉適量をまぶした牛こま切れ肉150gを炒める。② 肉の色が変わったら薄切りにした玉ねぎ1個を加え、〈ハヤシソースのもと〉、水1カップを加えて煮込む。味を見て塩・こしょう各適量を加える。

**ヒント** ハンバーグを煮込んでもおいしい。

ケチャップ

## 甘酢あん

肉だんごも酢豚もお手のもの

| ケチャップ | しょうゆ | 砂糖 | 酢 |
|---|---|---|---|
| 2 | 2 | 4 | 4 |
| 大 | 大 | 大 | 大 |

● ケチャップ、しょうゆ、砂糖、酢を鍋に入れ、火にかけて煮つめる。
● 水溶き片栗粉小さじ1を加え混ぜ、とろみをつける。

**ヒント** 油との相性がよい甘酢。揚げた肉団子や油炒めにからめて。ケチャップを使うことで子供も食べやすい甘酢に。

### 甘酢あんで作る
## 肉団子

**材料と作り方（4人分）**
1. 豚ひき肉400gに卵1個、片栗粉・しょうゆ各大さじ1、酒小さじ1と1/2、しょうが汁小さじ1/2、塩小さじ1/3を合わせ、よく練り混ぜ、2cm大に丸める。180度に熱した揚げ油できつね色になるまで揚げる。2. 鍋に〈甘酢あん〉を上記の作り方で作り、揚げた肉団子を入れ、全体にあんをからめる。

### オイスターソースを加えてコクのあるたれに
## 本格甘酢あん

| ケチャップ | 砂糖 | しょうゆ | 酢 | オイスターソース | 酒 |
|---|---|---|---|---|---|
| 3 | 3 | 1 | 2 | 1 | 1 |
| 大 | 大 | 大 | 大 | 小 | 大 |

**使い方**
①鍋にあんの材料を入れ、火にかけ煮立ったら水溶き片栗粉適量を加え、とろみをつける。
**ヒント** 揚げた鶏肉や白身魚、野菜にかけても。

### しょうがの風味が効いた
## しょうが甘酢あん

| ケチャップ | 砂糖 | 酢 | 酒 |
|---|---|---|---|
| 2 | 5 | 5 | 2 |
| 大 | 大 | 大 | 大 |

＋ しょうがすりおろし1かけ

**使い方**
①鍋にあんの材料を入れ、火にかけ煮立ったら水溶き片栗粉適量を加え、とろみをつける。
**ヒント** 水を加えれば、天津丼のあんにもなる。

ケチャップ

## えびチリソース

みんな大好きプリプリ食感

| ケチャップ | 砂糖 | しょうゆ | 豆板醤 | 酢 |
|---|---|---|---|---|
| 3 | 1 | 1 | 1 | 1 |
| 大 | 小 | 大 | 小 | 大 |

●みじん切りにしたにんにくとしょうが、長ねぎを炒め、ソースの材料と鶏ガラスープを加える。

ヒント 白身魚やいか、野菜の炒め物にも使える。鶏肉や豚肉などにもおすすめ。あんかけにも。

### えびチリソースで作る
### えびのチリソース

**材料と作り方（2人分）**
1. フライパンにサラダ油大さじ2、にんにくとしょうが・長ねぎのみじん切り各適量を熱する。2. 酒と片栗粉各適量をまぶしてむきえび150gを加えて炒め、〈えびチリソース〉、鶏ガラスープ1/4カップを加え、水溶き片栗粉適量でとろみをつける。

---

辛みのあるスパイスを加えた
インドネシアの焼き鳥だれ

### ケチャップサティソース

| ケチャップ | クミンパウダー | チリパウダー |
|---|---|---|
| 3 | 1 | 1/2 |
| 大 | 小 | 小 |

＋ にんにくすりおろし1かけ

**使い方**
①ソースの材料に水大さじ2を加えてよく混ぜ合わせる。
②ひと口大に切った鶏肉をたれに漬け、串に刺して焼く。

ヒント 鶏肉以外にも豚肉や白身魚もおすすめ。サティとはインドネシアの串焼きのこと。

---

チキンソテーに合わせたい
簡単シンプルソース

### レモンケチャップソース

| ケチャップ | レモン汁 | しょうゆ |
|---|---|---|
| 3 | 1/2 | 1 |
| 大 | 大 | 小 |

**使い方**
①たれの材料をよく混ぜ合わせる。
②チキンソテーにソースをかけて食べる。

ヒント チキンナゲットや白身魚のフライなどにもおすすめ。

## ソース（中濃）

うまみ凝縮の調味料は単品使いだけじゃない！

野菜や果実、だしなどを濃縮したものに、甘味・酸味・塩味を加え、香辛料で調製したのがソース。油を使わないので、意外にもカロリーや塩分が低いのもソースの魅力。粘度や味で種類を分けており、スパイスが効いた辛口のウスターソース・適度な辛みと甘みの中濃ソース・果実の甘みが際立つ濃厚ソースと大きく分けると3種ある。

## 中華ソーススープ

コクのあるソースは水で薄めるとおいしいスープに

| ソース | 水 |
|---|---|
| 2 (大) | 2 (C) |

● 鍋にソースの材料を入れ、ひと煮立ちしたら好みの具を加える。

**ヒント** 味を見て塩、こしょうで調整を。好みでごま油やラー油、酢を加えるとさらに中華風に。

---

### 中華ソーススープで作る
### 酸辣湯風スープ

**材料と作り方（2人分）**
1. 鍋に〈中華ソーススープ〉を入れ、ひと煮立ちしたら食べやすい大きさに切った豚ロース肉50gと生しいたけ2個、ゆでたけのこ1/2個を加えて煮る。
2. 水溶き片栗粉適量を加え、白髪ねぎ適量を入れ、とろみがついたら火を止める。

---

### シンプルなのにソースで風味豊かに
### 洋風ソースドレッシング

| ソース | オリーブ油 | バルサミコ酢 |
|---|---|---|
| 1 (大) | 1 (大) | 1 (大) |

**使い方**
①ソースの材料をよく混ぜ合わせる。②野菜や鶏ささ身などのサラダにかける。

**ヒント** 魚介のカルパッチョなどにも使える。鶏のから揚げにかけても。

---

### 野菜と果実のうまみをソースで簡単にゲット
### 洋風ソーススープ

| ソース | コンソメスープ |
|---|---|
| 1 (小) | 2 (C) |

**使い方**
①鍋にソースの材料を入れ、ひと煮立ちしたら好みの具を加えて煮る。②味を見て塩、こしょうを加える。

**ヒント** ベーコンや玉ねぎを加えるとコクが増す。

野菜のうまみが凝縮されたソースは煮物だれにも◎

# ソース煮物だれ

●好みの具材をたれとともに煮る。

**ヒント** 肉じゃがやかぼちゃの煮物などのアレンジだれとして。水の分量は具材に合わせて調整を。

| ソース | 水 | 酒 | 砂糖 |
|---|---|---|---|
| 2 | 1 | 1 | 1/2 |
| 大 | C | 大 | 大 |

ソース 2 / 水 1 / 酒 1 / 砂糖 1/2

## ソース煮物だれで作る
### ひじきの煮物

**材料と作り方（2人分）**
1. ひじき20g（乾燥）を水で戻し、水けをきる。にんじんは3cm長さの細切りに、油揚げは油抜きをして8mm幅に切る。2. フライパンにサラダ油大さじ1を熱し、ひじきを入れ強火で炒め、にんじん、油揚げを加え炒める。3. 全体に油がまわったら〈ソース煮物だれ〉を加え、煮立ったら中火にし、汁けがほとんどなくなるまで煮る。

### ソースを使ってカクテルも
**ブラッディマリー**

① 氷の入ったタンブラーにウオッカ大さじ2と1/2を注ぎ、トマトジュース（有塩）1/2カップとレモン汁小さじ1を加えてよく混ぜ、タバスコ少々とウスターソース少々を加える。② 好みで塩、こしょうを加えて。

## ソース風味のオイルでかきやチーズをおいしく保存
### ソース漬けだれ

| ソース | オリーブ油 |
|---|---|
| 1 | 1 |
| 大 | C |

**使い方**
① 保存容器に下ごしらえしたかきやチーズなどを入れ、〈ソース漬けだれ〉の材料をよく混ぜ合わせて注ぎ、一晩以上置く。② 漬けた具やソースはパスタやサラダ炒め物などに。

**ヒント** 好みでハーブや赤唐辛子、にんにくを一緒に入れると風味が増す。

# ソース炒めだれ

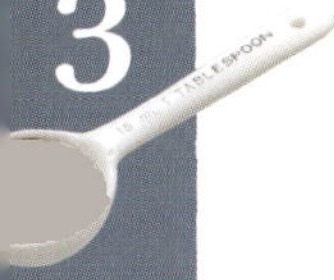

**フルーティなソースは炒めだれにぴったり！**

ソース 3(大) ： 砂糖 2(小)

● 好みの具材をたれの材料とともに炒める。
**ヒント** 辛めが好きな人は赤唐辛子やラー油を加えて。肉、野菜、白身魚、何にでも合う。

## ソース炒めだれで作る
### 八宝菜風ソース炒め

**材料と作り方（2人分）**
1.〈ソース炒めだれ〉に、酒大さじ1、水1/2カップを混ぜ、水溶き片栗粉大さじ1を加えてよく混ぜる。2.豚薄切り肉150gは3cm幅に切る。白菜2枚、ゆでたけのこ50gを食べやすい大きさに切り、にんじん1/4本は4cm長さの短冊切りに、長ねぎ1/4本、生しいたけ2個は薄切りに。3.フライパンにサラダ油大さじ1を熱し、しょうがの薄切り1/2かけを炒め、香りが出たら豚肉を炒め、野菜を加え炒める。たれを加え、強火でとろみがつくまで炒める。

## ごま油のコクと風味がフライと相性よし
### ソースごまだれ

ソース 3(大) ： ごま油 1(大)

**使い方**
①たれの材料をよく混ぜ合わせる。②串カツやトンカツなどの揚げ物によく合う。
**ヒント** 好みで長ねぎのみじん切りを加えても。

## ソースごまだれで作る
### トンカツ

**材料と作り方（2人分）**
1.豚ロース肉2枚は筋を切り、塩・こしょう各少々をふり、小麦粉、溶き卵、パン粉の順に衣をつける。鍋に揚げ油を170度に熱し、豚肉2枚を揚げる。2.表裏をひっくり返しながら、きつね色になるまで揚げる。〈ソースごまだれ〉をかけて食べる。

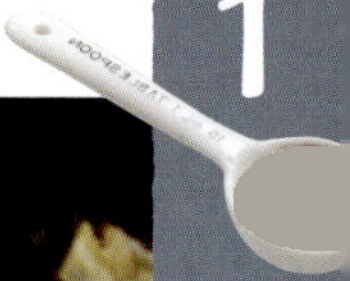

## 焼きそば基本ソース

ふたつのソースを合わせ奥行きのある味に

- ソースの材料をよく混ぜ合わせる。

**ヒント** ご飯と蒸し麺を混ぜたそばめしや、炒め物などにも使えるシンプルな配合。

ソース : オイスターソース
4(大) : 1(大)

---

### 焼きそば基本ソースで作る
### ソース焼きそば

**材料と作り方（2人分）**

1. 豚バラ薄切り肉150g、キャベツ大2〜3枚、にんじん1/4本を食べやすい大きさに切り、中華蒸し麺2玉は袋ごと電子レンジで40秒ほど加熱する。2. フライパンにサラダ油大さじ1を熱し、豚肉を炒める。野菜を加え炒め合わせ、蒸し麺をほぐしながら入れ炒め合わせる。3.〈焼きそば基本ソース〉を加え全体をからめる。好みで青のり・紅しょうが各適量をのせる。

---

### 自分の好みで調節もできる
### 手作りかき風味ソース

〈比率〉

オイスターソース : ケチャップ : しょうゆ : ごま油
3 : 3 : 3 : 1

**使い方**

①たれの材料をよく混ぜ合わせる。②焼き上がったお好み焼きにかける。

**ヒント** 調味料の量をそれぞれ調節して好みの味にすることができる。おろしにんにくを加えてもおいしい。

---

### だしを入れて風味とコクが増す
### 焼きそばだし入りソース

焼きそば基本ソース ＋ 顆粒だし

顆粒かつおだし 小さじ1/2

**使い方**

①〈焼きそば基本ソース〉に顆粒だしを加え、よく混ぜ合わせる。②「ソース焼きそば」同様に肉と野菜、麺を炒め合わせ、〈焼きそばだし入りソース〉を加える。③好みで青のりをふり、桜えびを散らす。

---

ソース 4 : オイスターソース 1

## 串カツのたれ

おうち串カツ・串揚げにたっぷりつけて

| ウスターソース | だし | 砂糖 |
|:---:|:---:|:---:|
| 1/2 | 1/2 | 2 |
| (C) | (C) | (小) |

**使い方**
①鍋に材料を入れ温めながら混ぜ合わせる。②好みの肉や野菜などを串に刺して、ころもをつけて揚げる。〈串カツのたれ〉をつけて食べる。
**ヒント** 砂糖はあれば黒糖を使うとコクが出ておいしい。こってりさせたいときはケチャップを入れても。

## カピ

えびの濃厚なうまみがギュッと凝縮

小えびを塩漬けにして、うまみを凝縮した発酵調味料のえびみそ。聞き慣れないが、タイやベトナム、インドネシアなどアジア圏では欠かせない調味料。特にタイ料理には必須で、タイカレーなどの味の決め手に。そのままでは独特の香りがあるが、加熱するうちに香りは飛び、えびのうまみが広がる。チャーハンやカレーの隠し味に。

### カピ風味カレー

魚介カレーにおすすめ
アジアが香るプロ級の味

| カピ | カレー粉 | ケチャップ | ソース | 赤ワイン |
|:---:|:---:|:---:|:---:|:---:|
| 1 | 3 | 1 | 3 | 2 |
| (大) | (大) | (大) | (大) | (大) |

**使い方**
①鍋にサラダ油を熱し、しょうが、にんにくのすりおろし、玉ねぎの薄切りを入れて炒め、玉ねぎがあめ色になったら好みの具を加えてさらに炒める。たれの材料と水適量を加えじっくり煮込む。②味を見て、塩、こしょうを。
**ヒント** 具はえびやいかなどがおすすめ。

### タイ風チャーハン

勝手においしくなってくれる
手間なしチャーハン

| カピ | ナンプラー |
|:---:|:---:|
| 2 | 1/2 |
| (大) | (小) |

**使い方**
①たれの材料をよく混ぜ合わせる。②好みの具を炒め、たれを加えて炒め、ご飯を加えてよく炒め合わせる。
**ヒント** 具に玉ねぎやにんにく、戻した干しえびを加えると甘みや風味が増す。

# マヨネーズ

マイルドでクセのない味が万人に人気

"マヨラー"なる熱狂的なファンもいるほど、老若男女に愛されているマヨネーズ。しかし「マヨネーズ」と名乗るには、卵、油、酢が入っている、という決まりごとがある。

油が入っているので単体のみならず、味つけ不要で加熱用としても使うことができるので、時短料理でも引っぱりだこ。高い栄養価とクセのない味が長年愛される理由といえそう。

64

## えびマヨソース

練乳でマイルドな味に文句なしのイチ押しおかず

| マヨネーズ | ケチャップ | 白ワイン | レモン汁 | 練乳 |
|---|---|---|---|---|
| 5(大) | 1(大) | 1(大) | 2(大) | 2(大) |

- たれの材料をよく混ぜ合わせる。
- 揚げたえびにからめる。

**ヒント** いかフライや帆立フライなどの揚げ物にもよく合う。ゆでたブロッコリーやアボカドにからめても。

### えびマヨソースで作る
## えびマヨ

**材料と作り方（2人分）**

1. ボウルに卵白1個分と塩小さじ1/2を入れて軽く泡立て片栗粉大さじ4を加えて混ぜる。
2. 水けをふきとり塩、こしょうをしたむきえび12尾をくぐらせて170度に熱した揚げ油で揚げ、〈えびマヨソース〉とからめる。

---

フライや炒め物、サラダに使いやすいピリ辛シンプルだれ

## マヨネーズソース

| マヨネーズ | ソース | マスタード |
|---|---|---|
| 2(大) | 1(大) | 2(小) |

### マヨネーズソースで作る
## えびとセロリのサラダ

**材料と作り方（2人分）**

1. えび6尾は殻をむいて背ワタをとり、塩ゆでして3等分にする。セロリ1/2本は筋をとる。グリーンアスパラ3本は堅い根元を落とし、塩ゆでし3cm長さに切る。
2. ボウルにえび、セロリ、アスパラを入れ〈マヨネーズソース〉を加えてあえ、サラダ菜適量を敷いた器に盛る。

**使い方**

① たれの材料をよく混ぜ合わせる。マスタードの量はお好みで。

**ヒント** お好み焼きや温野菜などのソースに。

## オーロラソース

えびのカクテルサラダにぴったりと合うマイルド系

マヨネーズ : ソース : ケチャップ
3 : 1 : 3
大　　大　　大

- たれの材料をよく混ぜ合わせる。
- かきフライなどの揚げ物や温野菜にもおすすめ。

**ヒント** チリソースや赤唐辛子を加えるとピリ辛に。

マヨネーズ 大3
ソース 大1
ケチャップ 大3

### オーロラソースで作る
## ピカタ

**材料と作り方**
（2人分）

1. 鶏ささ身4本は筋をとって開き、塩麹大さじ1をまぶしておく。水けをとり、小麦粉適量を薄くまぶす。2. 卵1個、マヨネーズ大さじ2、粒マスタード大さじ1を混ぜたものに鶏ささ身をくぐらせ、オリーブ油大さじ1をひいたフライパンで、両面焼き色がつくまで焼く。3.〈オーロラソース〉を添える。

---

### とろっとからんで食べやすい
## クリーミーソース

マヨネーズ : 生クリーム
3 : 2
大　　大

**使い方**
①たれの材料をよく混ぜ合わせる。②蒸し鶏と野菜のサラダやりんごなどフルーツを使ったサラダにかけて食べる。

**ヒント** アクセントに黒粒こしょうを加えても。

マヨネーズ

えびフライやかきフライに具だくさんでおいしい

## タルタルソース

● 玉ねぎ、ピクルス、パセリ、ゆで卵をみじん切りにして、マヨネーズとよく混ぜ合わせる。

| マヨネーズ | 玉ねぎみじん切り | ピクルスみじん切り | パセリみじん切り | ゆで卵粗みじん切り |
|---|---|---|---|---|
| 4 | 1 | 1 | 2 | 1 |
| 大 | 大 | 大 | 小 | 個 |

### タルタルソースで作る
### ミックスフライ

**材料と作り方（2人分）**
1. えび8尾は殻をむき、背ワタをとる。水けをふき、腹側に切り込みを入れ伸ばす。 2. 帆立貝柱4個は水けをふく。かき12個は塩水で洗い水けをふく。 3. 塩・こしょう各少々をし、適量の小麦粉、溶き卵、生パン粉の順にころもをつけ、帆立、えび、かきの順に揚げる。〈タルタルソース〉をつけていただく。

---

牛乳でクリーミーに
えびのフリッターにおすすめ

### クリーミータルタルソース

| マヨネーズ | 牛乳 | 玉ねぎみじん切り | ピクルスみじん切り | 粒マスタード | ゆで卵粗みじん切り |
|---|---|---|---|---|---|
| 1 | 4 | 1 | 1 | 1 | 1 |
| 大 | 大 | 大 | 大 | 大 | 個 |

**使い方**
① たれの材料に塩・こしょう各少々を加え、よく混ぜ合わせる。

**ヒント** ソテーした肉や魚、温野菜にかけても美味。

---

風味豊かなレモン汁で
さわやかなあと味に

タルタルソース ＋ レモン汁

### レモン風味のタルタルソース

＋ レモン汁 大さじ1

**使い方**
①〈タルタルソース〉にレモン汁大さじ1を加え、よく混ぜ合わせる。

**ヒント** かきフライや帆立フライなど魚介のフライと相性がいい。余ったソースにゆでたじゃがいも、ハムを加えてポテサラに。

マヨネーズ

**にんにくが効いた伝統ソースをマヨネーズで簡単に**

## アイオリソース風マヨディップ

| マヨネーズ | 白ワイン |
|:-:|:-:|
| 5 | 1 |
| 大 | 大 |

＋ にんにくすりおろし1かけ

**使い方**
①たれの材料をよく混ぜ合わせ、にんにく・塩・こしょう各少々を加え、混ぜる。②棒状に切った好みの野菜をディップして食べる。

**ヒント** 温野菜のサラダにあえてもおいしい。淡泊な白身魚のフライや鶏胸肉のソテー、具だくさんのスパニッシュオムレツなどとの相性◎。ブイヤベースに添えても。

**ピリ辛がお好きな人は七味唐辛子を加えて**

## 和風マヨだれ

**使い方**
①たれの材料をよく混ぜ合わせる。②さっとゆでたおかひじきともやし（合わせて180g程度）をあえる。

**ヒント** 焼いたさつま揚げやフライにも。好みでレモン汁を入れて。

| マヨネーズ | しょうゆ |
|:-:|:-:|
| 3 | 3 |
| 大 | 大 |

**野菜スティックや田楽に好きなみそでアレンジも◎**

## みそマヨネーズだれ

| マヨネーズ | 赤みそ |
|:-:|:-:|
| 3 | 2 |
| 大 | 大 |

**使い方**
①たれの材料をよく混ぜ合わせる。

**ヒント** 鮭やたら、きのこにかけてトースターで焼くとおいしい。

マヨネーズ

## フルーツサラダソース

フルーツとからめて酸味の効いたデザートサラダに

| マヨネーズ | 卵 | 牛乳 |
|---|---|---|
| 1 (大) | 1 (個) | 1/2 (大) |

● たれの材料をよく混ぜ合わせる。
● フルーツとあえて食べる。

**ヒント** オレンジやグレープフルーツなどをむき、残った薄皮を合わせて絞った果汁を混ぜるとおいしい。好みで塩、こしょうを加えると味がしまる。

### フルーツサラダソースで作る
## フルーツサラダ

**材料と作り方**（2人分）
1. レーズン大さじ2は水につけてやわらかくし、キウイ1個は半月切りに。
2. オレンジ・グレープフルーツ各1個は果肉を房からはずす。
3.〈フルーツサラダソース〉と1.2.の果肉、ナタデココ40gを合わせてあえ、器に持ってミントを散らす。

甘みを引き立てる
マヨネーズが隠し味

## 本格クリーム

| マヨネーズ | 生クリーム | はちみつ |
|---|---|---|
| 1 (大) | 1/2 (C) | 1 (大) |

**使い方**
① クリームの材料を泡立て器で固めに泡立てる。② 食パン2枚を半分に切って、片面に〈本格クリーム〉を塗り、いちごやキウイ、パイナップルなど好みのカットフルーツ適量をのせる。

**ヒント** ホットケーキミックスで焼いたホットケーキ、市販のカステラやクロワッサンなどで。子供用にははちみつを加えても。

## 油

### 世界の料理を再現するのも油次第!?

原材料によって香りも味も異なる油。そのため、その料理の風土に合ったものを使うと、よりいっそう現地の味に近づくことができる。香りのない油もあるが、オリーブ油やごま油、バターなどは、味はもちろん香りも楽しむことができる。種類によってコレステロールの数値に違いがあるので、摂取する量には注意が必要。加熱にも生食にも使える。

# 卵黄バターソース

フランス料理の基本 オランディーヌソース

●ボウルに卵黄、白ワイン、レモン汁を入れ湯煎しながら白っぽくなるまで混ぜる。溶かしバターを少しずつ加え、塩・こしょう各少々を入れよく混ぜる。

**ヒント** フランスではアスパラガスの定番ソース。焼いた卵やハム、魚介料理にも。

| バター | 卵黄 | 白ワイン | レモン汁 |
|---|---|---|---|
| 80 | 2 | 1 | 1 |
| g | 個 | 大 | 大 |

## 卵黄バターソースで作る
### エッグベネディクト

**材料と作り方（2人分）**
1. 鍋に水6カップと酢大さじ8を入れ、沸騰したら弱火にして、かき混ぜ渦を作り、器に割り入れた卵1個を渦の真ん中に入れる。2分後、冷水にとり水けをきる。もうひとつの卵も同様に作る。2. フライパンに適量の油をひき、厚切りベーコン2枚を焼く。3. イングリッシュマフィン2個は横半分に切りトーストして皿にのせ、ベーコン、ポーチドエッグの順にのせ、〈卵黄バターソース〉をかけ、粗びき黒こしょうをかける。

---

**まろやかな風味で肉料理と相性バッチリ**

### わさびバター

| バター | わさび |
|---|---|
| 1 | 1/3 |
| 大 | 小 |

**使い方**
①常温に戻したバターにわさびを加え、よく練り合わせる。

**ヒント** 好みでパセリのみじん切りやレモン汁を。ローストビーフ、ポークソテーに添えても。

---

**パンはもちろんのことソテーやチャーハンに**

### ガーリックバター

| バター | にんにくすりおろし |
|---|---|
| 100 | 1/2 |
| g | かけ |

**使い方**
①常温に戻したバターににんにくを加え、よく練り合わせる。

**ヒント** にんにくの量は好みで加減して。

---

**好みのハーブを使ってドライハーブでも大丈夫**

### ハーブバター

| バター | パセリみじん切り | タイムみじん切り |
|---|---|---|
| 100 | 1 | 1 |
| g | 大 | 大 |

**使い方**
①常温に戻したバターに残りの材料を加え、よく練り合わせる。

**ヒント** 肉や魚のソテーに添えるとおいしい。

## オイルベース

イタリア風料理に覚えておくととっても便利

オリーブ油 2 大 ： 白ワイン 2 大

＋ にんにく みじん切り 1かけ

- オイルベースの材料に塩・こしょう各少々とにんにくを加えよく混ぜ合わせる。
- 好みでバジルなどのハーブを加えると風味が増し、肉や魚介類の臭み消しにも。

ヒント パスタソースはもちろん、炒めオイルにも。

### オイルベースで作る
## ボンゴレビアンコ

**材料と作り方（2人分）**
1. フライパンに〈オイルベース〉を熱し、香りが立ったらよく洗ったあさり300gを加え、ふたをしてあさりの口が開いたら火を止める。
2. 袋の表記通りにゆでたスパゲティ160gを加えてあえ、塩・こしょう各少々で味を調える。

---

定番のピリ辛オイル
パスタや炒め物に

オイルベース ＋ にんにく ＋ 赤唐辛子

## ペペロンチーノオイル

にんにく 粗みじん切り 1かけ ／ 赤唐辛子 1本

**使い方**
① オイルの材料をよく混ぜ合わせる。辛いのが好きな人は、赤唐辛子をちぎって加えて。

ヒント 蒸し野菜にかけたり、魚にかけて焼く。イタリア風・ガーリックトーストも。

### ペペロンチーノオイルで作る
## ペペロンチーノ

**材料と作り方（2人分）**
1. フライパンに〈ペペロンチーノオイル〉を熱し、香りが立ったら袋の表記通りにゆでたスパゲティ160gを加え、オイルとからめる。
2. 火を止め、イタリアンパセリのみじん切り適量を加えさっとあえ、塩・こしょう各少々で味を調える。

油

## 黒オリーブとアンチョビのソース

パンにのせたり野菜にあえてサラダに

オリーブ油　アンチョビ　黒オリーブ
**4 : 4 : 1**
（大）（枚）（C）

● 黒オリーブは種を除き、残りの材料と塩・こしょう各少々を加え、ともにフードプロセッサーで撹拌する。

**ヒント** ケッパーや粉チーズ、バジル、ナッツ類を加えても美味。パスタにからめたり、パン粉を混ぜて魚にのせ、トースターで焼いても。

### 黒オリーブとアンチョビのソースで作る
## 牛ステーキ

**材料と作り方（2人分）**
1. 牛ステーキ肉2枚に塩・こしょう各適量をふり、フライパンに適量のサラダ油を熱して焼く。2.〈黒オリーブとアンチョビのソース〉を塗って食べる。好みでマッシュポテトや葉野菜を添える。

---

昆布茶で余計な調味料は不要
ゆずこしょうで和の辛みを

## 和風ペペロンチーノソース

オリーブ油　昆布茶（粉末）　ゆずこしょう
**1 : 1/2 : 1/2**
（大）（大）（小）

**使い方**
① ソースの材料をよく混ぜ合わせる。
**ヒント** パスタ以外にも、あさりの炒め蒸しにしたり、肉野菜の炒め物などに。

---

みそを加えてまろやかに
和食にも使いまわせる

黒オリーブとアンチョビのソース ＋ みそ

## 和風オリーブソース

＋ みそ 大さじ2

**使い方**
①〈黒オリーブとアンチョビのソース〉にみそを加え、混ぜ合わせる。② 魚介のソテーや焼き魚に塗って食べる。
**ヒント** 魚に塗ってホイルに包み、キッチングリルで焼いてもおいしい。

# 油

## ごま油

ごまの香ばしい香りが食欲をそそる

ごまの種を圧搾した植物油。焙煎してから搾った通常のごま油と、生のまま搾った無色のごま油と大きく分けて2種ある。ビタミンの吸収を助けたり、素材の生臭さを抑える効果も。抗酸化作用が高く、揚げ油にごま油を3割混ぜるだけで、油そのものの持ちもよくなる。揚げ物がカラリと香ばしくなり、おいしさを長持ちさせることができる。

## ナムルだれ

好きな野菜をあえるだけ 酒の肴にもぴったり

● たれの材料ににんにくのすりおろしを加えてよく混ぜ合わせる。

**ヒント** 辛みが欲しい場合は、コチュジャンを。あっさりさせたいなら酢を好みの量加えて。

ごま油 : 砂糖 : しょうゆ
1（大） : 1（大） : 3（大）

＋ にんにくすりおろし1かけ

### ナムルだれで作る
## 五色野菜のナムル

**材料と作り方（2人分）**

1. ごぼう・小松菜・豆もやし・にんじん・かぶ各適量はそれぞれ食べやすい大きさに切る。ごぼう、小松菜、豆もやしはさっと塩ゆでし、にんじんとかぶは塩もみをする。
2. それぞれ〈ナムルだれ〉適量にからめ、器に盛り、一味唐辛子・白いりごま各適量をふる。

---

肉や魚、野菜のソテー、ガーリックライスに

## ガーリックオイル

ごま油 : サラダ油
1（大） : 1（大）

＋ にんにくすりおろし1かけ

**使い方**

① ガーリックオイルの材料をよく混ぜ合わせる。

**ヒント** にんにくたっぷりのガーリックオイルは多めに作っておくと便利。炒め物に少量たらすだけでもガツンとくる味になる。

油

好きな野菜を浸して
## 中華風浸しだれ

| ごま油 | 豆板醤 | しょうゆ | 酢 | 酒 | 砂糖 |
|---|---|---|---|---|---|
| 1 | 1 | 2½ | 2½ | 2½ | 2 |
| 小 | 小 | 大 | 大 | 大 | 小 |

＋ にんにく・しょうが すりおろし各1かけ／青じそ 5枚

● 青じそを小さくちぎり、しょうが、にんにく、たれの材料と混ぜ合わせる。

**ヒント** 和え物や炒め物に。香菜を細かく刻んで入れると、より風味豊かに。

---

中華風浸しだれで作る
### なすの揚げ浸し 中華風

**材料と作り方（2人分）**
1. なす4個は縦4つに切り、水につける。2. バットに〈中華風浸しだれ〉を入れる。3. なすをペーパータオルで包みよく水けをきり、170度〜180度の揚げ油適量で揚げる。4. こんがり色がついたら油をきり、熱いうちに2.に浸す。

---

香ばしくクセのある野菜でもなじみやすい
### ごまドレッシング

| ごま油 | 酢 | しょうゆ | みりん |
|---|---|---|---|
| 2 | 1 | ½ | 1 |
| 大 | 大 | 大 | 小 |

**使い方**
①ドレッシングの材料にこしょう少々を入れ混ぜ合わせる。
②春菊とくるみのサラダにかけて食べる。

**ヒント** クレソンなどクセのある野菜に合う。みょうがなど香味野菜を刻んで混ぜたり、豆腐にかけても。

---

アイスクリームに香ばしい香りと食感をプラス
### ごま油ナッツ

| ごま油 | くるみ |
|---|---|
| 1 | 20 |
| 大 | g |

**使い方**
①くるみは粗く砕き、ごま油とよく混ぜ合わせ、アイスクリームにかける。

**ヒント** アイスはバニラ味やチョコレート味がおすすめ。

# 粒マスタード

**肉や野菜のうまみを引き出す陰の主役**

酢とブラウンマスタードを粒のまま使用しているのが、洋からし。和がらしに比べ、酸味が強く辛みも弱いので、マイルドながらともいえる。どんな調味料にも負けないインパクトのある味が特徴。粒マスタードを使うことで、味をガラリと変えたり、油っぽい料理を緩和する効果が。肉類やドレッシング、ポトフに添えることが多い。

# マスタードソース

はちみつを加えて
まろやかな味に仕上げる

粒マスタード : 生クリーム : はちみつ
2(大) : 1/2(C) : 1(大)

● ソースの材料に、塩・こしょう各適量を加えてよく混ぜ合わせる。
● 肉や魚のソテーに添えて。ソテーしたフライパンでソースを温めれば、具材のうまみも加えられる。脂が多い場合は余分な脂をふきとってから。

**ヒント** から揚げやフライにもよく合う。

## マスタードソースで作る
### ポークソテーの マスタードソースがけ

**材料と作り方（2人分）**
1. フライパンにサラダ油適量を熱し、塩・こしょう各少々をして小麦粉適量をまぶした豚ロース肉2枚を並べ入れ、両面しっかりと焼き、器に盛る。 2. 残ったフライパンに〈マスタードソース〉を入れて弱火にかけ、残った脂とからめながらソースを温め、肉にかける。

---

塩麹でうまみアップ。お弁当にも

## 塩麹マスタード 漬けだれ

粒マスタード : 塩麹
3(大) : 1(大)

**使い方**
①たれの材料をよく混ぜ合わせる。
②薄くのばした豚肉や鶏肉に塗り、ラップをして冷蔵庫で数時間置き、たれをふきとって焼く。

**ヒント** フライにしてもおいしい。

---

和の辛みを融合。風味のよい絶品ソース

## 和風マスタード

粒マスタード : しょうゆ : みりん
3(大) : 1/2(大) : 1/2(大)

＋ わさび 小さじ2と1/2　にんにく すりおろし 1/2かけ

**使い方**
①ソースの材料にわさび、にんにくのすりおろしを加え、よく混ぜ合わせる。②肉や魚のソテーに添えて。ソテーしたフライパンでソースを温めれば、具材のうまみも加えられる。ただし、脂が多い場合は余分な脂をふきとってから温めて。

**ヒント** から揚げ、新じゃがや長いもの素揚げにも。

# ドレッシング

**入れる素材次第で
レシピは無限大**

好きな素材を加えることでさまざま料理に対応できるドレッシング。黒酢、バルサミコ酢、りんご酢、ワインビネガーなど、酢の種類をかえたり、ごま油やハーブ、柑橘系油など、個性的な香りを持つ油にかえれば、マンネリにならず新鮮な味に。ドレッシングに入れるオリーブ油は、風味と香りがよくフレッシュな、エクストラバージンオリーブオイルを使いたい。

---

### 油分と酸味のバランス
### これがドレッシングの黄金比
## 基本のドレッシング

〈比率〉

白ワインビネガー : オリーブ油
**1 : 3**

**使い方**
①ドレッシングの材料に塩・こしょう各適量を加え、よく混ぜ合わせる。②生・温野菜サラダどちらにもよく合う。
**ヒント** 特に刺身や海藻サラダに。

---

### ほろ苦いパセリが主役
### 酸味はまろみのある米酢で
## グリーンドレッシング

〈比率〉

米酢 : オリーブ油 : レモン汁
**2 : 4 : ½**

＋ パセリみじん切り大さじ1

**使い方**
①パセリは葉を摘んでみじん切りにし、塩・こしょう各少々を加え、残りの材料とよく混ぜ合わせる。
**ヒント** 生・温サラダどちらでも。蒸し鶏にかけてもおいしい。トマトのサラダとよく合う。

---

### 魚介の深みが楽しめる
### 温野菜におすすめ
## アンチョビドレッシング

〈比率〉

アンチョビ : 白ワインビネガー : オリーブ油
**1 : 1 : 2**

＋ にんにくすりおろし2かけ

**使い方**
①ドレッシングの材料ににんにくのすりおろし、こしょう少々を加えよく混ぜ合わせる。
**ヒント** 豆のサラダや温野菜サラダに。

ドレッシング

## なめらかな口あたり
## シーザーサラダドレッシング

〈比率〉

マヨネーズ : 牛乳 : 粉チーズ : レモン汁 : オリーブ油
6 : 3 : 1 : 1 : 1

＋ にんにくすりおろし 1/2かけ

**使い方**
①ドレッシングの材料ににんにくのすりおろし、塩・こしょう各少々を加えよく混ぜ合わせる。

**ヒント** 好みで粉チーズの量を増やしても◎。グリーンサラダや蒸し鶏やゆでたえびなどを加えたサラダに。

## 刺激的なマスタードと酢ですっきりした味
## マスタードドレッシング

**使い方**
①ドレッシングの材料に塩少々を加えよく混ぜ合わせる。

**ヒント** ゆでたれんこんなどシンプルなサラダにぴったり。

〈比率〉
酢 : オリーブ油 : 粒マスタード
1½ : 3 : 1

## レモンのさわやかな香りがアクセント
## レモンドレッシング

〈比率〉
オリーブ油 : 粒マスタード : メープルシロップ : レモン汁
6 : 1/3 : 1/3 : 1

**使い方**
①ドレッシングの材料に塩・こしょう各少々を加えよく混ぜ合わせる。

**ヒント** スライスオニオン、トマトやレタスサラダなどシンプルなサラダに。

## 本格ドレッシングも簡単
## バルサミコドレッシング

〈比率〉
バルサミコ酢(黒) : オリーブ油 : 砂糖
1 : 4 : ½

**使い方**
①ドレッシングの材料に塩・こしょう各少々を加えよく混ぜ合わせる。好みで砂糖をはちみつにかえてもおいしい。

**ヒント** さっぱりとした大根や水菜のサラダに。

## 甘酸っぱいマーマレードで本格レストランの味わいに
### マーマレードドレッシング

〈比率〉

| バルサミコ酢(黒) | オリーブ油 | フレンチマスタード | マーマレード |
|:-:|:-:|:-:|:-:|
| 2 | 8 | 1/2 | 5 |

**使い方**
①ドレッシングの材料に塩・こしょう各少々を加えよく混ぜ合わせる。

**ヒント** 酸っぱいマーマレードならば、砂糖またははちみつを加えて。ベビーリーフなどのサラダに。

---

## どんな野菜とも合う
### みそマヨディップ

〈比率〉

| 白ワインビネガー | マヨネーズ | みそ | 粒マスタード | メープルシロップ |
|:-:|:-:|:-:|:-:|:-:|
| 1/2 | 6 | 3 | 3 | 1/2 |

**使い方**
①ディップの材料をよく混ぜ合わせる。

**ヒント** 野菜スティックにつけたり、ソテーした根菜にかけても。

---

## すっきりおいしい香りのいいドレッシング
### ゆずこしょうドレッシング

〈比率〉

| 酢 | ごま油 | しょうゆ | ゆずこしょう |
|:-:|:-:|:-:|:-:|
| 3 | 1 | 1½ | 1 |

**使い方**
①ドレッシングの材料をよく混ぜ合わせる。②クレソンやセロリなどクセのあるサラダによく合う。

**ヒント** 酸味が強い場合は砂糖少々を加えてマイルドに。

---

## 辛みはなんとわさび!和洋折衷のドレッシング
### ピリ辛ドレッシング

〈比率〉

| バルサミコ酢(黒) | オリーブ油 | しょうゆ | わさび | 砂糖 |
|:-:|:-:|:-:|:-:|:-:|
| 3 | 3 | 1 | 1 | 1/2 |

**使い方**
①ドレッシングの材料をよく混ぜ合わせる。②さっぱりとしたサラダによく合う。

**ヒント** 帆立貝柱やたこ、サーモン、刺身などを使ったサラダに。ローストビーフやゆで鶏にも。

ドレッシング

ドレッシング

## 塩麹のうまみで素材本来の味を引き立てる
### 塩麹ドレッシング

〈比率〉

オリーブ油 : 塩麹 : 白ワインビネガー : レモン汁
2 : 1 : 2 : ½

**使い方**
①ドレッシングの材料をよく混ぜ合わせる。②炒めたコンビーフとレタス、クレソンを器に盛り、ポーチドエッグをのせ、ドレッシングをふりかける。
**ヒント** 粉チーズをふるとよい。

## ノンオイルで腸にもやさしい
### ハニークリーミードレッシング

はちみつ : ヨーグルト : 粒マスタード
1 : 80 : 1
小　　g　　小

**使い方**
①ドレッシングの材料に塩・こしょう各少々を加えよく混ぜ合わせる。②アボカドやゆで卵をのせたボリュームのあるサラダによく合う。フライに添えてもよい。

## わさび漬けを買ったらぜひ試して！
### わさびドレッシング

〈比率〉

オリーブ油 : しょうゆ : レモン汁 : わさび漬け
9 : 1 : ½ : 1

**使い方**
①ドレッシングの材料にこしょう少々を加えよく混ぜ合わせる。わさび漬けの塩気が足りない場合は塩少々を加える。
**ヒント** 魚介類を使ったサラダに。

## オレンジ&りんごの酸味が生きたドレッシング
### フルーツドレッシング

〈比率〉

りんご酢 : オリーブ油 : オレンジジュース : 砂糖
2 : 2 : 2 : ½

**使い方**
①ドレッシングの材料に塩少々を加えよく混ぜ合わせる。好みで玉ねぎのすりおろし少々を加えてもおいしい。
**ヒント** 生ハムやスモークサーモンを使ったサラダとよく合う。

ドレッシング

ワインによく合う！
風味豊かなソース
## バーニャカウダソース

〈比率〉
オリーブ油 : 生クリーム : アンチョビペースト : 白ワイン
2 : 2 : 2 : 1/2

＋ にんにくみじん切り 1かけ

**使い方**
①ソースの材料にこしょう少々を加えよく混ぜ合わせ、にんにくのみじん切りを加える。

ヒント　生・温野菜どちらにも。ソースを温めても。

---

黒酢でさっぱり中華風のドレッシング
## 黒酢ドレッシング

〈比率〉
黒酢 : ごま油 : しょうゆ : 豆板醤
9 : 3 : 9 : 1/2

＋ 長ねぎみじん切り 1/3本　ザーサイみじん切り 10g

**使い方**
①ドレッシングの材料に長ねぎとザーサイのみじん切りを加え、よく混ぜ合わせる。白いりごまを加えても。

ヒント　チャーシューや春雨を加えたフレッシュサラダや蒸し鶏、冷しゃぶのかけだれに。餃子やシュウマイのつけだれとしても。

---

ノンオイルでしょうがたっぷり！
## 香味ドレッシング

〈比率〉
酢 : しょうゆ
2 : 5

＋ しょうがすりおろし 1かけ　長ねぎみじん切り 1/3本

**使い方**
①ドレッシングの材料にしょうがのすりおろしと長ねぎのみじん切りを加え、よく混ぜ合わせる。しょうがの量はお好みで。

ヒント　蒸し鶏や冷しゃぶサラダに。大根サラダや水菜サラダなどシンプルなサラダにも。揚げた鶏肉にかけても美味。

ドレッシング

### アジア香るピリ辛ドレッシング
## スイートチリドレッシング

〈比率〉

ナンプラー　スイートチリソース　レモン汁

1 : 2 : 1

**使い方**
①ドレッシングの材料をよく混ぜ合わせる。

**ヒント** おろししょうがを加えるとアジアンテイストが苦手な人もOK。豚しゃぶ、生春巻きのつけだれにもおすすめ。

### 定番ドレッシングも自宅で作れちゃう
## 中華ドレッシング

〈比率〉

酢　ごま油　サラダ油　しょうゆ

2 : 1 : 1 : 2

**使い方**
①ドレッシングの材料をよく混ぜ合わせる。白いりごまを入れてもよい。

**ヒント** どんなサラダにもおすすめ。冷しゃぶや冷や奴にかけてもおいしい。炒め物に使うとさっぱりとした仕上がりに。

〈比率〉

酢　マヨネーズ　砂糖

2 : 4 : 1

### 甘めのマヨネーズがキャベツをおいしくする
## コールスローのたれ

**使い方**
①たれの材料に塩・こしょう各少々を加えよく混ぜ合わせる。

**ヒント** 粗みじん切りにしたキャベツと合わせる。

### ナンプラーの風味が食欲をそそる
## エスニックドレッシング

〈比率〉

ごま油　ナンプラー　レモン汁

½ : 3 : 3

**使い方**
①ドレッシングの材料にこしょう・ガーリックパウダー各少々を加えよく混ぜ合わせる。

**ヒント** えびや春雨を使ったサラダに。

## フルーツ

**料理にアクセントを与える
フルーティな味と香り**

　フルーツ特有の酸味を生かしやすい柑橘類やベリー類、キウイなどは他の調味料と合わせてソースやドレッシングにしやすい。生のフルーツがなければ、ジャムを代用しても風味豊かに仕上がる。またキウイやりんごなどのフルーツは、肉と一緒に漬け込むと、やわらかくてジューシーな食感になる効果がある。

# いちじくソース

甘酸っぱいジャムが肉のうまみを引き立てる

いちじくジャム : バルサミコ酢(黒) : 赤ワイン = 3(大) : 2(大) : 2(大)

＋ バター 15g

● 小鍋にバターを15gを溶かし、いちじくジャム、バルサミコ酢、赤ワインを入れて火にかける。
● 煮つめたら粗びき黒こしょうで味を調える。

**ヒント** 肉のソテーや、まぐろや生ハムなどに。デザートソースにも。

## いちじくソースで作る ローストビーフ

**材料と作り方（2人分）**
1. 器に薄切りにしたローストビーフ200gを並べ、〈いちじくソース〉をかける。
2. クレソン適量を添える。

---

## マーマレードマヨネーズ

意外な組み合わせなのに塩味と甘味が見事に融合！

マーマレード : マヨネーズ = 3(大) : 3(大)

**使い方**
① ソースの材料をなめらかになるまでよく混ぜ合わせる。

**ヒント** 生ハムとトマトのサラダや、トーストしたパンに。ゆでた野菜とあえたり、鶏肉の炒め物の味つけにも。

## 和風ストロベリーソース

甘い漬けだれでお肉がやわらかく

いちごジャム : しょうゆ : みりん = 4(大) : 4(大) : 2(大)

**使い方**
① 鍋に材料を入れて混ぜ合わせ、数分煮つめる。
② 〈和風ストロベリーソース〉を煮つめた鍋に豚肉など好みの肉を入れ、少し焦げ目がつくまで焼く。

**ヒント** 肉は豚肉がおすすめ。肉を漬けて焼いても。

フルーツ

## ゆずドレッシング

フレッシュなゆず果汁が香るさわやかなドレッシング

- ドレッシングの材料をよく混ぜ合わせる。
- 白身魚の刺身や野菜を使ったサラダに。

ヒント 冷や奴、和え物、炒め物の味つけにもおすすめ。

| ゆずの絞り汁 | しょうゆ | 砂糖 | サラダ油 |
|---|---|---|---|
| 2 | 1/2 | 1/2 | 3 |
| 大 | 大 | 小 | 大 |

---

クセのない白みそにほんのりゆずの香り
### ゆずディップ

| ゆずの皮のすりおろし | 白みそ | 砂糖 | 酒 | みりん |
|---|---|---|---|---|
| 1/2 | 3 | 2 | 1 | 1 |
| 個 | 大 | 小 | 小 | 小 |

**使い方**
①ディップの材料に塩・こしょう各少々を加えよく混ぜ合わせる。②酒が苦手な人は酒とみりんをひと煮立ちさせてから混ぜ合わせる。

ヒント 野菜スティックのディップや根菜を焼いたり蒸したりしたものにかけても。

---

酸味はゆずの絞り汁
自家製は味も香りも最高!
### ゆずポン酢

| ゆずの絞り汁 | だし汁 | 煮切りみりん |
|---|---|---|
| 1 | 1 | 1 |
| 大 | 大 | 大 |

**使い方**
①たれの材料に塩少々を加えよく混ぜ合わせる。

ヒント 湯豆腐や鍋のつけだれに。焼き魚やきのこの焼き浸しのたれにも重宝。かぼす、グレープフルーツ、すだちでも代用可。

---

子供も大好き。ビールにもぴったり!
### アボカドディップ

| アボカド | サワークリーム | マヨネーズ | レモン汁 |
|---|---|---|---|
| 1 | 3 | 1/2 | 1/2 |
| 個 | 大 | 大 | 大 |

**使い方**
①ディップの材料に塩・こしょう各少々を加えてよく混ぜ合わせる。②なめらかな仕上がりにしたい場合はフードプロセッサーを使って。

ヒント パンに塗ったり、野菜スティックやトルティーヤチップにつけて。

フルーツ

## キウイドレッシング
キウイ&はちみつの甘みが
クセになる味わい

キウイ : 玉ねぎ : はちみつ : ワインビネガー : オリーブ油
1 : ½ : 1 : 1 : 1½
個 : 個 : 大 : 大 : 大

**使い方**
①キウイと玉ねぎはみじん切りにする。②残りの材料とよく混ぜ合わせる。
**ヒント** グリルした肉や根菜にかけて。

## レモン塩だれ
果汁をしっかり感じられる
さっぱり味

レモン汁 : 酒 : 塩
2 : 2 : ½
大 : 大 : 小

**使い方**
①酒は煮切り、残りの材料とよく混ぜ合わせる。
**ヒント** 焼いた肉や魚、野菜のつけだれに。サラダのあえだれにもおすすめ。

## Wベリーソース
食卓が華やぐ甘酸っぱいデザートソース

いちご : ラズベリー : 粉砂糖 : 水
100 : 100 : 1 : 1
g : g : 大 : 小

**使い方**
①フードプロセッサーにヘタをとったいちご、レモン汁少々と残りの材料を加える。②なめらかになるまで撹拌し、こす。
**ヒント** パンやタルトに添えたり、アイスやプリンにかけてもおいしい。

## レモンカードソース
レモンは国産を使って
甘くてさわやかな酸味が絶品!

レモン果汁 : 砂糖 : バター(食塩不使用) : 卵
1 : 4 : 50 : 1
個 : 大 : g : 個

**使い方**
①厚底鍋に砂糖、バター、レモン果汁(無農薬レモンなら皮をすりおろして加える)を入れて湯せんにかけ、かき混ぜながら砂糖とバターを溶かし、溶き卵を加えて焦げないようによく混ぜながらとろみをつける。②冷蔵庫で冷やす。
**ヒント** パイにはさんで焼けばレモンパイに。パンに塗ったり、ヨーグルトにかけてもおいしい。

# ホワイトソース

クリーミーな舌ざわりとコクが老若男女を魅了する

缶タイプは、しっかりと濃厚な仕上がりなので、牛乳や豆乳でのばしながら使うのが基本。玉ねぎやこしょうなどを加えれば、缶独特の多少の臭みも気にならない。ダマができたり失敗を気にする必要もなく、本格的な味が使えるのがメリット。

# クリームシチューソース

缶詰にまかせれば簡単&失敗なし！

● ソースの材料をよく混ぜ合わせる。

**ヒント** 好みの食材を煮込めばクリームシチュー、ご飯を煮込めばリゾット、クリームパスタのベースにも。みそを加えてコクのあるスープにしても美味。

**ホワイトソース缶** 1

**牛乳** 1½

ホワイトソース缶：牛乳 = 1（缶）：1½（C）

※1缶＝約290g

---

## クリームシチューソースで作る
### チキンクリームシチュー

**材料と作り方**（2人分）

1. 鍋にバター15gを溶かし、ひと口大に切って塩・こしょう各少々をふった鶏もも肉1枚を炒め、肉の色が変わったら食べやすい大きさに切った玉ねぎ・じゃがいも・にんじん各150gを加えてよく炒める。2.〈クリームシチューソース〉を加え、ときどき混ぜながら弱火で15分ほど煮込む。3. 器に盛り、みじん切りにしたイタリアンパセリ少々を散らす。

---

## しっかりとしたソースでこんがりと焼いて
### グラタンソース

ホワイトソース缶：牛乳 = 1（缶）：1（C）

**使い方**
① ソースの材料をよく混ぜ合わせる。
② 鍋に好みの具を入れて火にかけ、ソースの材料を加えてさっと煮て、耐熱容器に移し、溶けるチーズをかけてオーブンで焼く。

**ヒント** ドリア、ラザニアのソースとしても。トマトを加えればさっぱり味に。

---

## あさりのうまみをたっぷり加えて
### クラムチャウダーソース

クリームシチューソース ＋ あさり

あさり 150g

**使い方**
① あさりは砂抜きし、水適量を入れた鍋で口が開くまで加熱する。別の鍋に〈クリームシチューソース〉の材料とあさりの煮汁を入れて火にかけ、混ぜ合わせる。② あさりの身を入れてさっと煮る。

**ヒント** 好みの具を炒め、〈クラムチャウダーソース〉を加えても。

# デミグラスソース

## 短時間でも煮込み料理の味が再現できる

本来ならばプロが作っても手間暇かかるデミグラスソースも、缶やレトルトで十分に本格的な洋食店の味を再現することができる。そのままでも濃厚な味わいだが、ひと手間かけてワインやコンソメ、ホールトマト、野菜や肉の汁を加えれば、より深みのあるコクとうまみが広がる、本物のデミグラスソースに格上げ。

## ビーフシチューソース

本格洋食も簡単！牛肉もしっかりやわらか

| デミグラスソース缶 | ケチャップ | 赤ワイン |
|---|---|---|
| 1/2 缶 | 1 大 | 3 大 |

※1缶＝約290g

● ソースの材料に塩、こしょうを加えよく混ぜ合わせる。

**ヒント** 肉団子やハンバーグを煮込んでも。仕上げに粉チーズ、生クリームをかけると奥深い味に。

---

### ビーフシチューソースで作る ビーフシチュー

**材料と作り方（2人分）**

1. 鍋にバター5gを溶かし、牛肉（シチュー用）150gを入れて焼き色がついたら小玉ねぎ4個とひと口大に切ったじゃがいも・にんじん各100gを加えて炒める。2. 水1と1/2カップを注いでふたをして弱火で1時間30分煮込む。3.〈ビーフシチューソース〉と塩・こしょう各少々、球状に切ったじゃがいも100gを加え、20分ほど煮込み、グリーンピース適量を加える。

---

### 野菜の甘みをしっかりと感じられる ハヤシライスソース

| デミグラスソース缶 | ケチャップ | バター |
|---|---|---|
| 1 缶 | 100 g | 15 g |

**使い方**
① ソースの材料に、塩・こしょう各少々を加えよく混ぜ合わせる。② 鍋に牛肉や玉ねぎなどの具を入れて炒め、〈ハヤシライスソース〉と水適量を加え煮込む。

**ヒント** 好みで赤ワイン適量を入れても。牛肉のかわりに豚肉を使っても。きのこ類を具にしてもおいしい。

---

### ハワイの定番どんぶり 腹ペコさんも大満足の味 ロコモコ丼ソース

| デミグラスソース缶 | ケチャップ | ソース |
|---|---|---|
| 1/2 缶 | 1 大 | 1 大 |

**使い方**
① 鍋にソースの材料、塩・こしょう各少々を入れ、水1/4カップを加え火にかけて温める。器にご飯を盛り、ハンバーグや生野菜など好みの具材をのせ、〈ロコモコ丼ソース〉をかける。

**ヒント** 好みでマヨネーズを上にかけても。

# トマトソース

## イタリア料理のベースとなる酸味のあるトマト味

トマト缶には大きく分けて2種あり、丸ごと水煮タイプは果肉がやわらかくうまみがあるので、酸味を出さない煮込み料理に最適。カットタイプは、果肉がしっかり残り酸味があるため、時短料理に向いているなど、使い分けによっていっそうトマトのおいしさを生かすことができる。またトマト缶は煮込めば煮込むほど、甘みも強くなる。

# 基本のトマトソース

トマトのうまみを閉じ込めた

| ホールトマト缶 | オリーブ油 | にんにくみじん切り | ケチャップ |
|:---:|:---:|:---:|:---:|
| 1/2 | 1 | 1 | 3 |
| 缶 | 大 | 大 | 大 |

※1缶＝約200g

● 鍋にオリーブ油とにんにくを入れて弱火にかけ、香りが立ったらケチャップとトマト缶を加え、20分ほど煮る。
● 味をみて塩、こしょうを加える。

**ヒント** パスタソースやラタトゥイユ、チリコンカンなどに。好みの具材と煮れば、洋風トマト煮に。

## 基本のトマトソースで作る
### ペンネアラビアータ

**材料と作り方（2人分）**
1. フライパンにオリーブ油大さじ1/2を熱し、みじん切りにした玉ねぎ50gと赤唐辛子2本を炒め、〈基本のトマトソース〉を加える。2. ソースが温まったら袋の表記通りにゆでたペンネ150gを加えてあえ、塩・こしょう各少々で味を調える。3. 器に盛り、タイム適量を飾る。

---

玉ねぎの甘みたっぷり！
冷凍して長期保存も可能

## ミートソースのもと

| ホールトマト缶 | ケチャップ | 玉ねぎみじん切り | 固形コンソメ |
|:---:|:---:|:---:|:---:|
| 1 | 1 | 1/2 | 1 |
| 缶 | 大 | 個 | 個 |

## ミートソースのもとで作る
### スパゲティミートソース

**材料と作り方（2人分）**
1. フライパンにサラダ油大さじ1を熱し、牛ひき肉100gを炒める。2. 肉の色が変わったらみじん切りにしたピーマン・にんじん各50g、〈ミートソースのもと〉を加えて煮る。3. 器に袋の表記通りゆでたスパゲティ160gを盛り、ソースをかけてパルメザンチーズ・パセリのみじん切り各適量を散らす。

**使い方**
① 鍋にサラダ油少々を熱し、みじん切りにした玉ねぎを炒め、〈ミートソースのもと〉の材料を入れてじっくり煮込む。② 塩、こしょうで味を調え、あればローリエ1枚を加える。

**ヒント** ラザニアやドリアのソースにもおすすめ。チキンのトマト煮にも。

# 乳製品

## 生クリーム

少量でも存在感を放つクリーミーなコク

大きく分けて、まろやかな口溶けと濃厚なコクがある乳脂肪分の高い動物性と、安価で軽くあっさりとした植物性、両方のよいところを組み合わせたコンパウンドの3種がある。一般的に牛乳を原料にした乳脂肪分18％以上を「生クリーム」と呼び、それ以外のものは「ホイップ」という名称で扱われている。

---

## さっぱりとした本格洋食
## ビーフストロガノフソース

● 〈ビーフシチューソース（P91参照）〉に生クリームとヨーグルトを加えてよく混ぜる。

**ヒント** 牛肉とたっぷりのキャベツを煮込んでも。きのこ類との相性抜群。

ビーフシチューソース
＋
生クリーム　ヨーグルト

生クリーム 大さじ3　ヨーグルト 1カップ　＋

---

### 人気の冷製スープも黄金比率におまかせ
## ビシソワーズソース

| 生クリーム | 牛乳 | 固形コンソメ |
|---|---|---|
| 1/2 | 1/2 | 1/2 |
| C | C | 個 |

### 使い方

①ソースの材料をよく混ぜ合わせる。②鍋にバターを熱し、薄切りにした玉ねぎを焦げないように炒め、粗みじん切りにしたじゃがいもと水を加えてじゃがいもがやわらかくなるまで煮る。粗熱がとれたらフードプロセッサーに汁ごと入れ、攪拌してこす。鍋に戻して〈ビシソワーズソース〉を加えて温め、塩、こしょうで味を調え、粗熱がとれたら冷蔵庫で冷ます。

---

### ビーフストロガノフソースで作る
## ビーフストロガノフ

**材料と作り方**（2人分）

1. フライパンにバター大さじ1を熱し、牛薄切り肉200ｇと薄切りにした玉ねぎ1/2個を炒める。2. ローリエ1枚と湯1/2カップ、〈ビーフシチューソース（P91参照）〉を加え、とろみがつくまで煮込む。3. 生クリーム大さじ3とヨーグルト1カップをよく混ぜ合わせてから加えて温める。

## 乳製品

### チョコレートソース
パンケーキやアイスクリームにかけて！
さっと作れるカフェの味

生クリーム : チョコレート
1/4 : 50
(C) (g)

**使い方**
①耐熱容器にソースの材料を入れ、ラップをして電子レンジで20〜30秒加熱し、よく混ぜ合わせる。
**ヒント** トーストしたパンやパンケーキ、バニラアイスなどにかけて。いちごなど酸味のあるフルーツにかけても。

### 生クリームソース
イタリア生まれのチーズで
さっと溶ける
クリーミーなソースを

マスカルポーネ : はちみつ : 生クリーム
100 : 1 : 2
(g) (大) (大)

**使い方**
①ソースの材料をよく混ぜ合わせる。
**ヒント** トーストしたパンやパンケーキなどにかけて。焼きいも、ゆでたじゃがいもなどのいも類とも相性◎。粘度を調整してディップにしても。

### タピオカミルク
アジアンデザートも意外に簡単

牛乳 : ココナッツミルク : 練乳
1 : 1 : 3
(C) (C) (大)

**使い方**
①鍋に牛乳、練乳を入れて軽く温め、最後にココナッツミルクを入れて火を止める。②氷水で冷やし、〈タピオカミルク〉に戻したタピオカを入れる。
**ヒント** ゆであずきに。再度温めてホットドリンクにしても。

### 練乳を濃厚な牛乳ペーストとして料理や製菓に

練乳には加糖練乳と無糖練乳の2種があり、コンデンスミルク（加糖）、エバミルク（無糖）ともいう。保存ができて貯蔵も便利なので、牛乳を濃縮してつくられたのが練乳の始まり。加糖練乳は料理や製菓、フルーツの調味料として使われ、無糖練乳はクリーム系の料理や製菓などに牛乳の代用として使うことが多い。

乳製品

## ヨーグルト
**まろやかなうまみへと変化させる発酵食品**

牛や山羊、羊などの乳に乳酸菌や酵母を加え、発酵させてつくられた食品。牛乳よりも消化吸収が早く、免疫力向上や美容などにも効果が。まろやかな味となり、うまみもアップ。内環境を整え、免疫力向上や美容などにも効果が。また調味料として肉を漬けておけばやわらかくなり、臭みをとる効果も。塩麹やみそなど日本古来の発酵食品と合わせても相性抜群。ま

---

### サラダやフルーツに合う さっぱり万能ソース
## ヨーグルトソース

● ソースの材料に塩、こしょうを加えよく混ぜ合わせる。

**ヒント** サラダやカットフルーツにかける。

プレーンヨーグルト : りんご酢 : 砂糖
**3 : 2 : 1**
（大）（小）（小）

---

### あと味がよく、いくらでも食べられる
## ヨーグルトパンケーキのもと

プレーンヨーグルト : 牛乳 : 卵
**1 : 4 : 1**
（C）（大）（個）

＋ ホットケーキミックス 200g

**使い方**
①ボウルにパンケーキのもとの材料を入れてよく混ぜ、ホットケーキミックス200gを加え、さらに混ぜる。②バター適量を熱したフライパンに注いで焼く。
**ヒント** バナナの薄切りやりんごの粗みじん切りを入れても。小さく焼いて、生クリームやフルーツなどをはさんでどら焼き風にしても。

---

### みそでまろやか和風な味に
## ヨーグルトみそディップ

プレーンヨーグルト : みそ
**2 : 2**
（大）（小）

＋ 青じそ 2枚

**使い方**
①ディップの材料を混ぜ合わせ、みじん切りにした青じそ2枚を加えよく混ぜる。②あっさりした味つけの卵焼きにつけて食べるのがおすすめ。
**ヒント** 生野菜につけたり、冷や奴にのせても。

---

### ヨーグルトソースで作る
## ヨーグルトサラダ

**材料と作り方**（2人分）
1.ソースの材料をよく混ぜ合わせる。2.ゆでてほぐしたささ身2本、小口切りにして塩もみしたきゅうり1本、いちょう切りにしたりんご1/4個を合わせ、塩・こしょう各少々を加えた〈ヨーグルトソース〉をかける。

# ピーナッツ

## ピーナッツペースト

ナッツの香ばしい香りと舌ざわりがやみつきに

いった落花生をペースト状にし、ピーナッツ本来の甘みも栄養も凝縮したもの。加糖と無糖、粗く刻んだナッツ入りなどがあり、用途によって使い分けるとよい。ジャムのようにパンに塗るほか、ごまだれのようにみそや乳製品と合わせ、たれやソースにしたり、ホットケーキに混ぜたり、ナッツの濃厚でクリーミーな味わいを生かす調理に最適。

---

### 東南アジアの定番サラダソース
## ガドガドソース

● ソースの材料をよく混ぜ合わせ、にんにくのすりおろしとタバスコを加え、よく混ぜ合わせる。

**ヒント** 生・温サラダのドレッシング、ディップにも。

| ピーナッツペースト(無糖) | ナンプラー | 砂糖 | 酢 | ごま油 |
|:-:|:-:|:-:|:-:|:-:|
| 4 | 1 | 3 | 2 | 1 |
| (大) | (大) | (小) | (小) | (小) |

＋

にんにくすりおろし 小さじ1/2 　　タバスコ 少々

---

### 麦みそを使うと素朴でやさしい味わいに
## 和風ピーナッツソース

| みそ | ピーナッツペースト(無糖) |
|:-:|:-:|
| 2 | 2 |
| (大) | (大) |

＋ 煮切ったみりん 大さじ4

**使い方**
①鍋にソースの材料と、煮切ったみりん大さじ4と水少々を入れる。②火にかけながらよく練り合わせる。

**ヒント** スティック野菜や、大きめにちぎったレタスやキャベツ、冷や奴や豆腐ステーキにも。

---

### 韓国調味料コチュジャンで辛みとコクをプラス
## 韓国風ピーナッツソース

| ピーナッツペースト(無糖) | コチュジャン | しょうゆ | 酢 | 砂糖 |
|:-:|:-:|:-:|:-:|:-:|
| 3 | 1 | 2 | 1 | 1 |
| (大) | (小) | (小) | (小) | (大) |

**使い方**
①ソースの材料に酒少々を加えてよく混ぜ合わせる。②長いもやたこ、キムチなどとあえる。

---

### ガドガドソースで作る
## ガドガドサラダ

**材料と作り方(2人分)**
1. 器に食べやすい大きさに切ってトースターで焼いた厚揚げ・ゆでて食べやすく切った卵・えび・オクラ・じゃがいも各適量を盛りつける。 2.〈ガドガドソース〉にすりおろしたにんにく小さじ1/2とタバスコ少々を加え、1.をつけて食べる。

# ごま

## ごまペースト
### ごまの風味も栄養も余すところなく活用

いったごまだけをすりつぶしているので、粒状よりもごま本来の豊かなうまみと香りが楽しめる。中華で使う芝麻醤は、ごまペーストに油を添加しており、ごまの存在を強く感じさせる濃厚でパンチのある味。また、ごまは非常に栄養価が高いものの、そのままでは吸収しづらいので、ペースト状のほうが効果的に摂取しやすい。

---

## 洋風ごまだれ
### マヨネーズとしょうゆを加えた食べやすいごまだれ

**ヒント** 材料をよく混ぜ合わせる。
しゃぶしゃぶや鍋のつけだれに。だし汁や市販のポン酢じょうゆで割っても美味。野菜サラダや豚しゃぶサラダにかけてもおいしい。

| 白ごまペースト | しょうゆ | マヨネーズ |
|---|---|---|
| 2 | 1/2 | 1 |
| 大 | 大 | 大 |

### 洋風ごまだれで作る
## 牛しゃぶ

**材料と作り方（2人分）**
1. たれの材料に砂糖小さじ2、顆粒だし小さじ1/2、みそ大さじ1、牛乳1/2カップを加えてよく混ぜ合わせる。2. 鍋に酒1/2カップと水4カップを入れ、ひと煮立ちしたらしゃぶしゃぶ用牛薄切り肉200〜300gを1枚ずつくぐらせ、火が通ったら〈洋風ごまだれ〉につけて食べる。3. アクを取り除き、食べやすく切った長ねぎやしいたけなど好みの具を同様にいただく。

---

## ごまペーストを使ってあえだれもお手のもの
## 和風ごまだれ

| 黒ごまペースト | しょうゆ | 練りがらし | 砂糖 |
|---|---|---|---|
| 1/2 | 1/2 | 1 | 1/2 |
| 大 | 大 | 小 | 大 |

＋ ごま油大さじ1、酢大さじ1と1/2

### 使い方
① たれの材料にごま油と酢を加えてよく混ぜ合わせる。② さやいんげんを塩ゆでし、食べやすい大きさに切って〈和風ごまだれ〉であえる。

**ヒント** ゆでたほうれん草、絹さや、ブロッコリーなどに合う。野菜のゆですぎに注意し、水けをよくきってあえる。

ごま

## 担々麺ペースト

汁まで飲み干したくなる濃厚スープのもと

- ペーストの材料にごま油少々を加え、よく混ぜ合わせる。
- 鶏ガラスープに溶かせば担々麺スープのできあがり。豚肉の炒め物などに加えても。

| 白ごまペースト | しょうゆ | 砂糖 | 豆板醤 | 酢 |
|---|---|---|---|---|
| 4 | 4 | 2 | 2 | 2 |
| 大 | 小 | 小 | 小 | 小 |

### 担々麺ペーストで作る
# 担々麺

**材料と作り方（2人分）**
1. 鍋に鶏ガラスープ3カップを沸かし、ごま油少々を加えた〈担々麺ペースト〉を入れてしっかり溶かす。味を見て塩、こしょうで味を調える。2.袋の表記通りにゆでた中華生麺（2玉）を入れたどんぶりに注いで、甜麺醤・しょうゆ・酒各適量で炒めた豚ひき肉適量をのせる。

---

### 懐石料理で使われる極上ソース
# ごまソース

| 白ごまペースト | しょうゆ |
|---|---|
| 3 | 2 |
| 大 | 小 |

＋ 煮切り酒大さじ2、生クリーム小さじ2、練乳小さじ1

**使い方**
①ソースの材料に煮切り酒、生クリーム、練乳を加えてよく混ぜ合わせる。②食べやすい大きさに切った柿やいちじく、桃にかける。

**ヒント** 豆腐料理にも。

---

### ごまペーストを使ったお手軽デザート
# ごまアイス

| 黒ごまペースト | バニラアイス |
|---|---|
| 2 | 120 |
| 大 | g |

**使い方**
①バニラアイスを半解凍にし、黒ごまペーストを加えてよく混ぜ合わせる。②冷凍庫で冷やす。

**ヒント** そのまま食べたり、パンケーキに添えても。

---

### たいじゃなくても白身魚の刺身でOK!
# たい茶漬けのたれ

| 白ごまペースト | みりん | しょうゆ | 煮切り酒 |
|---|---|---|---|
| 3 | 1 | 2 | 1/2 |
| 大 | 小 | 大 | 大 |

**使い方**
①たれの材料をよく混ぜ合わせる。②薄切りにしたたいの刺身を〈たい茶漬けのたれ〉であえ、ご飯の上にのせてお茶をかける。

**ヒント** 魚介類のサラダに。

# カレー粉

**少量で一気にエスニックテイストになる魔法の粉**

インパクトの強い香りが魚の臭みを消す効果がある。少量加えれば、スパイシーな香りに誘われ、料理への期待度も上がる。また、油と一緒に炒めることで、香ばしい香りが広がりうまみもアップ。ルウを使う場合でも、カレー粉とともに野菜や肉を炒めてから投入すると、香ばしい香りとピリッと辛い味が深まる。

## タンドリーチキンの漬けだれ

食べやすい味つけでお弁当のおかずにも

カレー粉 : プレーンヨーグルト : マヨネーズ : レモン汁
**1 : 1 : 2 : 1**
(大) (C) (大) (大)

● たれの材料ににんにくのすりおろし・塩各少々を加え、よく混ぜ合わせる。

**ヒント** 豚ロース肉や鮭などを漬けてもおいしい。

左側メモ:
- カレー粉 **1**
- プレーンヨーグルト **1**
- マヨネーズ **2**
- レモン汁 **1**

（タンドリーチキンの漬けだれ）

### タンドリーチキンの漬けだれで作る
## タンドリーチキン

**材料と作り方（2人分）**

1. ポリ袋に〈タンドリーチキンの漬けだれ〉、にんにくのすりおろし・塩各少々を入れ、鶏手羽中300gを加え、よくもみ込む。2.冷蔵庫で2時間以上漬ける。3.200度のオーブンで表面に焼き色がつくまで焼く。

---

### お手軽調味料を合わせればみんなも大好きな納得の味に
## カレーマヨソース

カレー粉 : マヨネーズ
**1½ : 3**
(小) (大)

**使い方**
①ソースの材料にこしょうを少々加え、よく混ぜ合わせる。②魚介とブロッコリーが入ったパスタサラダにかける。
**ヒント** サラダドレッシングやポテトサラダにあえても。フライに添えても◎。

---

### ブロガーさん50人に聞きました！
### カレーにちょい足しする素材

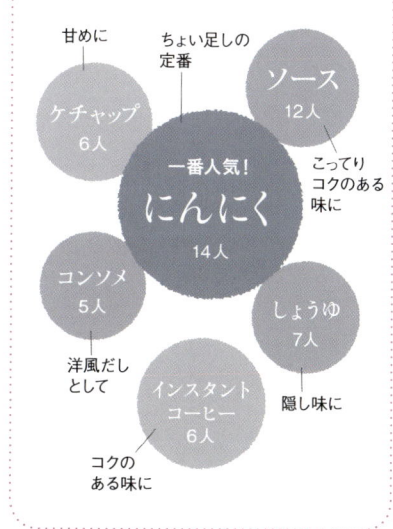

- 甘めに — **ケチャップ 6人**
- ちょい足しの定番 — **ソース 12人**
- 一番人気！ **にんにく 14人**
- こってりコクのある味に
- 洋風だしとして — **コンソメ 5人**
- 隠し味に — **しょうゆ 7人**
- コクのある味に — **インスタントコーヒー 6人**

カレー粉

## ココナッツミルク

**アジア料理を象徴するコクと甘みのある味**

未熟なココナッツの種子の固形胚乳を削って、水を加えてこしたものがココナッツミルク。特に東南アジアではさまざまな料理や製菓に使われ、カレーやスープなどスパイスを多用する料理と相性がよい。コクと甘みのある味は、牛乳の代用としても使える。ちなみに、ココナッツミルクを乾燥させて粉末にしたものは、ココナッツパウダーという。

## レッドカレーのもと

グリーンカレーよりも少しスパイシーなカレー

●〈レッドカレーのもと〉の材料をよく混ぜ合わせる。

**ヒント** 入れる具材の基本は鶏肉だが、豚肉、えび、いか、帆立など、肉・魚介どちらにも合う。ゆで卵と野菜を煮込むだけでも美味。

| ココナッツミルク | レッドカレーペースト | ナンプラー | 砂糖 |
|---|---|---|---|
| 2 | 2 | 1 | 1 |
| C | 大 | 大 | 小 |

### レッドカレーのもとで作る
## えびのレッドカレー

**材料と作り方**（2人分）
1. 鍋に〈レッドカレーのもと〉を入れて火にかける。2. ひと煮立ちしたら殻をむいたえび10尾を加える。3. えびの色が変わったら食べやすい大きさに切って素揚げしたなす小2個とズッキーニ1/2本を加え、さっと煮からめる。

カレー粉

## グリーンカレーのもと

ココナッツミルクにナンプラーが隠し味

| ココナッツミルク | グリーンカレーペースト | ナンプラー |
|:-:|:-:|:-:|
| 2 | 2 | 1/2 |
| (C) | (大) | (大) |

●〈グリーンカレーのもと〉の材料をよく混ぜ合わせる。

**ヒント** 入れる具材の基本は鶏肉、なす、いんげんなどだが、何にでも合う。好みでバジルをちぎって入れてもおいしい。

---

### グリーンカレーのもとで作る
### 鶏肉のグリーンカレー

**材料と作り方（2人分）**
1. 鍋に〈グリーンカレーのもと〉を入れて火にかける。 2. ひと煮立ちしたらひと口大に切った鶏肉150g、細切りにしたたけのこの水煮50g、半分に切ったふくろ茸の水煮6個、こぶみかんの葉2枚を加える。 3. 焦げないようにじっくりと煮込む。

---

人気アジアンデザート
ココナッツアイスも簡単に作れる

### ココナッツデザートソース

| ココナッツミルク | 練乳 |
|:-:|:-:|
| 1 | 1 |
| (C) | (大) |

**使い方**
①ボウルにソースの材料と、塩少々を入れてよく混ぜる。②半解凍したバニラアイス80gに〈ココナッツデザートソース〉を加えてよく練り合わせて、冷凍庫で固める。
**ヒント** フルーツやパンケーキに添えても。

---

ココナッツミルクで
マイルドな風味

### 簡単タイカレーソース

| ココナッツミルク | カレー粉 | 焼き肉のたれ | ドライバジル |
|:-:|:-:|:-:|:-:|
| 2 | 1/2 | 2 | 2 |
| (C) | (大) | (大) | (小) |

**使い方**
①ソースの材料をよく混ぜ合わせる。
**ヒント** バジルは生のものがあればなおよし。生バジルの場合は6枚。好みの具材を煮込んで食べる。

# オイスターソース

**変幻自在な味で
知る人ぞ知る万能調味料**

かきのうまみエキスが入ったオイスターソースを入れると、強い存在感を放ちそうなイメージだが、実際は全体をうまく調和させてくれるすぐれた調味料。ルーツでもある広東料理でよく使われているが、スープから炒め物、煮物まで、濃度を変えればどんな料理にも柔軟になじむ応用範囲の広いマルチ調味料である。

オイスターソース

## 中華おこわのもと
ちまきのような味が炊飯器で

| オイスターソース | しょうゆ | 砂糖 | みりん | 鶏ガラスープの素 | ごま油 |
|---|---|---|---|---|---|
| 1大 | 1大 | 1大 | 1/2大 | 2小 | 1大 |

**使い方**
①たれの材料をよく混ぜ合わせる。②水に30分以上浸したもち米2合と、きのこなど好みの具合わせて200g程度を炊飯器に入れ、〈中華おこわのもと〉を加えて2合の目盛りまで水を注ぎ、普通に炊く。

**ヒント** 具に干しえびや干ししいたけを加える場合は、戻し汁を入れると味に深みが増す。

## オイスターカレーだれ
いつもの炒め物にカレー粉をプラス

| オイスターソース | カレー粉 | 酒 | しょうゆ |
|---|---|---|---|
| 1大 | 1大 | 1大 | 1小 |

**使い方**
①たれの材料をよく混ぜ合わせる。②好みの具材を炒め、〈オイスターカレーだれ〉で味をつける。

**ヒント** 具材は豚肉や鶏肉はもちろん、もやしやにらなど野菜だけでもおいしい。

## 香港風オイスターソース
うまみたっぷりのＷ調味料を上手に活用！

| オイスターソース | XO醤 | 鶏ガラスープの素 | 砂糖 | ごま油 |
|---|---|---|---|---|
| 2小 | 2小 | 1小 | 1/2小 | 1小 |

**使い方**
①ソースの材料をよく混ぜ合わせる。②好みの具材を炒め、〈香港風オイスターソース〉で味をつける。

**ヒント** 塩気が足りないようなら塩少々を加える。春雨、野菜の炒め物ソースにしても。

## タイ風炒め物ソース
この調味料だけでタイの味を再現！

| オイスターソース | ナンプラー |
|---|---|
| 1大 | 1大 |

＋ 赤唐辛子1本

**使い方**
①ソースの材料に半分にちぎって種をとった赤唐辛子1本、砂糖少々を加えよく混ぜ合わせる。②好みの具材を炒め〈タイ風炒め物ソース〉で味をつける。

**ヒント** 肉や野菜と炒め合わせ、ご飯にのせ、目玉焼きを添えればタイ風丼。

# 甜麺醤（テンメンジャン）

## クセのない甘みそは万国共通の味

中華料理によく使われる甘みそ。小麦粉や豆に塩、麹などを加えて醸造されている。北京ダックなどのソースとして使われたり、回鍋肉や担々麺など炒め物の味つけに使われる。また、クセのない甘みそは中華料理に限らず、隠し味としても活躍。八丁みそに砂糖など調味料を加えて代用品としてつくることも多い。

## いろんな料理に使える 肉みそのたれ

●たれの材料をよく混ぜ合わせる。

**ヒント** 肉や野菜とからめて炒めたり、蒸し野菜、ゆで野菜や豆腐にかけても。インスタントラーメンに少量加えても。ひき肉を炒め、たれを加えて煮れば肉みそに。作り置きしておくと便利。ゆでた中華麺にかけてジャージャー麺に。

甜麺醤 : しょうゆ : 鶏ガラスープの素
**2 : 2 : 1**
（大）（大）（小）

＋ しょうがすりおろし大さじ1

## 肉みそのたれで作る ジャージャー麺

### 材料と作り方（2人分）
1. フライパンにごま油小さじ2を熱し、豚ひき肉200gとみじん切りにした長ねぎ1/2本を炒め、水1カップと〈肉みそのたれ〉を加える。2. ひと煮立ちしたら水溶き片栗粉適量でとろみをつける。3. 器に盛ったゆで中華麺適量の上にかけ、好みの野菜を添える。

## 豆板醤が効いたご飯がすすむ味 中華風甘辛だれ

甜麺醤 : 豆板醤 : しょうゆ : はちみつ : ごま油
**2 : 2 : 1 : 1 : 1**
（大）（大）（大）（大）（大）

### 使い方
①たれの材料をよく混ぜ合わせる。②好みの具材を炒め、〈中華風甘辛だれ〉で味をつける。

## 何度も食べたくなるおいしいこってり味 中華風照り焼きだれ

甜麺醤 : しょうゆ : はちみつ
**1 : 2 : 1**
（大）（大）（大）

### 使い方
①たれの材料にこしょう・にんにくのすりおろし各少々を加え、よく混ぜ合わせる。②ひと口大に切った鶏肉を焼き、焼き色がついたら〈中華風照り焼きだれ〉を加える。

## 豆板醤（トウバンジャン）

**辛さとコクで四川料理の味を支える中華みそ**

そら豆や油、唐辛子などを混ぜ、発酵・熟成させた中華料理でよく使われる発酵調味料の辛さとうまみ。インパクトのある辛さとうまみで、少量でも味の決め手になる。加熱して香りを出してから使うとよい。辛みが強い四川料理を代表する調味料だが、発酵させているので辛さだけでなく深いコクもある。

### 麻婆ペースト
**炒めだれとしても優秀**

| 豆板醤 | 甜麺醤 | しょうゆ | 砂糖 | 鶏ガラスープの素 |
|---|---|---|---|---|
| 2 | 2 | 1 | 2 | 1 |
| 小 | 大 | 大 | 小 | 小 |

①ペーストの材料をよく混ぜ合わせる。

**ヒント** 長ねぎやひき肉、豆腐と炒めれば麻婆豆腐に。麻婆なすや、鶏肉、ピーマン、カシューナッツの炒め物、厚揚げと白菜の炒め物などの炒めだれとしても。辛さは豆板醤の量を加減して、好みでラー油または粉山椒をかけても。

### 麻婆ペーストで作る
## 四川風麻婆豆腐

**材料と作り方（2人分）**
1. フライパンにごま油大さじ1を熱し、にんにく・しょうがのみじん切り各1かけ、長ねぎのみじん切り1本を炒め、好みのひき肉200gを加えて炒める。2. 肉の色が変わったら水1カップと〈麻婆ペースト〉を加え、ひと煮立ちしたら絹ごし豆腐200gを加えて煮込み、水溶き片栗粉適量でとろみをつける。

### ピリ辛和え物だれ
**食事中の箸休めに**

| 豆板醤 | ごま油 | 砂糖 | 塩 |
|---|---|---|---|
| 1 | 1 | 1 | 1 |
| 小 | 大 | 小 | 小 |

**使い方**
①たれの材料をよく混ぜ合わせる。

**ヒント** 生野菜やゆでた鶏肉など好みの具材を食べやすい大きさに切り、〈ピリ辛和え物だれ〉とあえる。

### バンバンジーだれ
**ピリ辛濃厚だれが具材によくからむ**

| 豆板醤 | ごまペースト | 酢 | しょうゆ | 砂糖 |
|---|---|---|---|---|
| 1 | 3 | 1 | 3 | 1 |
| 小 | 大 | 小 | 大 | 大 |

＋ しょうがすりおろし1かけ

**使い方**
①たれの材料をよく混ぜ合わせる。②長ねぎのみじん切りやいりごまを入れても美味。

**ヒント** ゆでて裂いた鶏肉や冷しゃぶにかける。ほかのサラダやあえだれとしても使える。

# コチュジャン

どんな素材でも韓国風にまとめ上げる韓国辛みそ

韓国料理初心者でも使いやすい、甘めの唐辛子みそ。米やもち米、唐辛子を使った今注目の発酵食品でもある。見た目こそ真っ赤で辛そうだが、中華で使う豆板醤より甘みもコクもあり、辛いのが苦手な人でも比較的食べやすい。ただし糖分が多く、炒め物に使用するときには焦げやすいので注意が必要。

ご飯がすすむこってり味

# スタミナ焼きのたれ

| コチュジャン | はちみつ | しょうゆ | 酒 | ごま油 |
|---|---|---|---|---|
| 2 | 1 | 1 | 2 | 1/2 |
| 大 | 大 | 大 | 大 | 大 |

● たれの材料をよく混ぜ合わせる。

**ヒント** 薄切り肉やひと口大に切った肉を漬け汁とともに、フライパンで漬け汁とともに焼く。野菜炒め、豆腐ステーキにも。好みでにんにくのすりおろしを加えると、よりスタミナアップ。

## スタミナ焼きのたれで作る
### スタミナ丼

**材料と作り方**（2人分）
1. ポリ袋に〈スタミナ焼きのたれ〉を入れ、豚バラ薄切り肉300gを加え、よくもみ込んでから30分以上漬ける。2. フライパンで漬けだれごと入れて焼く。3. どんぶりに盛ったご飯適量の上にのせ、白いりごま少々を散らす。

---

### 韓国風即席漬け物に
## コチュジャンだれ

| コチュジャン | 水あめ | 酢 | しょうゆ |
|---|---|---|---|
| 2 | 1/2 | 1 | 1 |
| 大 | 大 | 大 | 大 |

+ にんにく・しょうがすりおろし各1かけ

**使い方**
① たれの材料とにんにくとしょうがのすりおろし各1かけをよく混ぜ合わせる。
**ヒント** キャベツなどの野菜、サラダや和え物、チヂミのたれに。トッポギと炒めても。水あめがなければ砂糖で代用可。

---

### 刺身との相性抜群
## 韓国風漬けだれ

| コチュジャン | しょうゆ | みりん | ごま油 |
|---|---|---|---|
| 2 | 2 | 1 | 2 |
| 小 | 大 | 大 | 大 |

+ にんにく・しょうがすりおろし各1かけ

**使い方**
① たれの材料とにんにく・しょうがのすりおろし各1かけをよく混ぜ合わせる。好みで長ねぎのみじん切りやいりごまを加えるとおいしい。② 好みの刺身を〈韓国風漬けだれ〉に漬け込む。
**ヒント** まぐろやたい、ぶりなどと相性がよい。

## スイートチリソース

**甘くて辛いから憎めないエスニック系調味料**

チリソースは、辛みが強いホットチリソースと、甘み、酸味、辛みが入り混じったスイートチリソースの2種がある。日本で人気のあるスイートチリソースは、もともとはタイ料理で使われている調味料で、揚げ物もあっさりと平らげられる。ホットチリソースほど辛くはないが、最初の甘みに対して辛みがあとから追いかけてくるのが特徴。

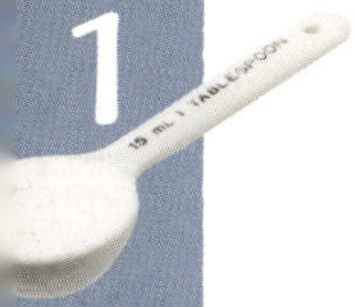

本格中華あんを
スイートチリソースで再現

# 中華あんかけのもと

● あんかけのもとの材料をよく混ぜ合わせる。

**ヒント** ごま油で好みの具材を炒め、〈中華あんかけのもと〉を加えとろみがつくまで煮、ご飯にのせて中華丼、中華麺にかけて中華焼きそばに。卵焼きにかけても。

| スイートチリソース | 鶏ガラスープ | 片栗粉 |
|---|---|---|
| 2 | 1¼ | 1 |
| (大) | (C) | (大) |

## 中華あんかけのもとで作る
### 五目あんかけ焼きそば

**材料と作り方**（2人分）

1. フライパンにごま油大さじ1を熱し、食べやすい大きさに切った豚肉100g、野菜適量（合わせて150g程度）とうずらの卵6個、湯切りしたシーフードミックス適量を炒め、肉に火が通ったら〈中華あんかけのもと〉を注ぐ。2. とろみがつくまで煮込み、器に盛った堅焼きそば（市販品）適量の上にかけ、練りがらし適量を添える。

---

### インドネシアのピリ辛焼きそばを自宅で思う存分堪能！
## ミーゴレンソース

| スイートチリソース | オイスターソース | ナンプラー | はちみつ |
|---|---|---|---|
| 1 | 1 | 1 | 2 |
| (大) | (大) | (大) | (小) |

**+** にんにくすりおろし1かけ

**使い方**
①ソースの材料とにんにくをよく混ぜ合わせる。②フライパンにサラダ油を熱し、好みの具を炒め、焼きそばと水適量を加えてさらに炒め、ソースを加えてよくからめながら炒める。

---

### ナンプラーの香りで食卓が一瞬にアジアンに
## マイルド甘辛だれ

| スイートチリソース | ナンプラー |
|---|---|
| 2 | 2 |
| (大) | (小) |

**使い方**
①たれの材料をよく混ぜ合わせる。②豚肉やむきえびの炒めだれに。

**ヒント** ナンプラーが苦手な人は薄口しょうゆを代用して。

---

### ケチャップとしょうゆを加えれば炒めだれに
## トマトチリソース

| スイートチリソース | ケチャップ | しょうゆ |
|---|---|---|
| 2 | 2 | 1 |
| (大) | (大) | (大) |

**使い方**
①ソースの材料をよく混ぜる。②ポリ袋に〈トマトチリソース〉と、ひと口大に切った鶏肉を加えてよくもみ込み、30分以上漬け、サラダ油を熱したフライパンで焼く。

**ヒント** 豚肉やえびの炒めだれとして。大豆の水煮を炒めても◎。

# ナンプラー

**アジア料理を彩る魚醤は塩分調整が重要**

タイ料理には欠かせない醤油のような存在。ただ、大豆を発酵してつくる醤油とは異なり、魚を発酵させてつくられているのがナンプラー。やや塩気は強いが、濃厚な天然のうまみに一度使い始めると虜になる。独特な臭みは加熱すると緩和される。またベトナムのニョクマムなどナンプラーに似た魚醤はアジア各地にある。

## ナシゴレンのもと

インドネシアの炒めご飯

| ナンプラー | ケチャップ | オイスターソース | スイートチリソース |
|:-:|:-:|:-:|:-:|
| 2 | 4 | 1 | 1 |
| 大 | 大 | 小 | 大 |

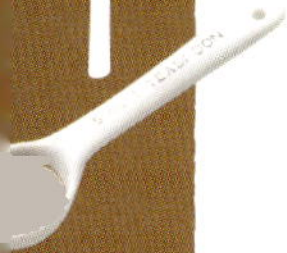

● 〈ナシゴレンのもと〉の材料をよく混ぜ合わせる。

**ヒント** 好みの具、ご飯と炒め合わせればナシゴレン。具はウィンナ、ハムなど家にあるものでOK。ご飯を加えず、肉野菜炒めなどの炒めだれとして使っても。

### ナシゴレンのもとで作る ナシゴレン

**材料と作り方（2人分）**

1. フライパンにごま油大さじ1を熱し、にんにくのみじん切り小さじ1と、ひと口大に切った鶏もも肉小1枚を炒め、細切りにした生唐辛子1/2本、粗みじん切りにした玉ねぎ1/2個とピーマン1個、砕いたカシューナッツ10g、むきえび50g、ご飯茶碗2杯分の順に加える。2. 〈ナシゴレンのもと〉を加えてよく炒める。

---

### ひき肉のバジル炒めご飯 ガパオライスのたれ

| ナンプラー | オイスターソース | 酒 | 砂糖 |
|:-:|:-:|:-:|:-:|
| 1 | 1 | 1 | 1 |
| 大 | 小 | 大 | 小 |

＋ にんにくすりおろし小さじ1/2

**使い方**
①たれの材料にすりおろしたにんにく小さじ1/2を加えてよく混ぜ合わせる。②フライパンにサラダ油適量を熱し、鶏ひき肉・赤唐辛子各適量を炒め、〈ガパオライスのたれ〉を入れて炒め、火を止めてちぎったスイートバジル少々を加えて混ぜ合わせ、ご飯の上にかける。好みで目玉焼きをのせて。

---

### 炒め物によく合う タイ式チャーハンのもと

| ナンプラー | しょうゆ | レモン汁 |
|:-:|:-:|:-:|
| 1 | 1 | 1 |
| 小 | 小 | 小 |

**使い方**
①たれの材料をよく混ぜ合わせる。②チャーハンを作る要領で具やご飯を炒め、〈タイ式チャーハンのもと〉で味をつける。

## タイ風焼きそば
# パッタイのたれ

| ナンプラー | スイートチリソース | ケチャップ | 砂糖 | レモン汁 |
|---|---|---|---|---|
| 2 | 2 | 2 | 1/2 | 1 |
| 小 | 大 | 大 | 小 | 大 |

● たれの材料をよく混ぜ合わせる。

**ヒント** 本来は米粉でできたビーフンを使うが、日本の焼きそば、蒸し麺、うどんでも。春雨やしらたきで作ればヘルシーに。たれにレモン汁を加えているが、さらに柑橘類を絞っても美味。

### パッタイのたれで作る
## パッタイ

**材料と作り方（2人分）**
1. フライパンにサラダ油大さじ1を熱し、むきえび8尾を炒め、えびの色が変わったら卵2個を割り入れていり卵を作り、豆もやし50g、せん切りにしたにんじん1/2本、5cm長さに切ったにら1/4束、水で戻した米麺200gを加えてよく炒める。2.〈パッタイのたれ〉を加えてからめながら炒める。

### 意外に簡単にできるタイの汁そば
## フォースープ

| ナンプラー | 鶏ガラスープ |
|---|---|
| 2 | 4 |
| 大 | C |

### フォースープで作る
## 牛肉のフォー

**材料と作り方（2人分）**
1. 鍋に〈フォースープ〉適量を入れて火にかけ、温まったら袋の表示通りに戻したフォー100gを加え、器に盛る。2.ゆでた牛肉・刻んだ長ねぎ・粗塩各適量をのせる。

**使い方**
① スープの材料に塩・こしょう各少々を加えよく混ぜ合わせる。② 鍋に〈フォースープ〉を温め、袋の表記通りに戻したフォーを入れ、器に盛り、好みの具をのせる。

**ヒント** 好みでパクチーやレモン汁を入れて。春雨やそうめんを使っても。辛いのが好みなら豆板醤、ラー油、赤唐辛子などを加えて。

---

パッタイのたれ

| | |
|---|---|
| ナンプラー | 2 |
| スイートチリソース | 2 |
| ケチャップ | 2 |
| 砂糖 | 1/2 |
| レモン汁 | 1 |

レモン汁でフレッシュに

# タイ風ドレッシング

| ナンプラー | レモン汁 | 砂糖 |
|:---:|:---:|:---:|
| 2 | 3 | 2 |
| (大) | (大) | (小) |

- ドレッシングの材料をよく混ぜ合わせる。
- 好みの具を食べやすく切り、〈タイ風ドレッシング〉であえる。

**ヒント** 好みの具を食べやすく切ってあえればタイ風サラダに。具は春雨やえび、大根などが◎。ゆで豚やゆで鶏にも。好みでナッツ類を刻んでかけるとよい。

## タイ風ドレッシングで作る
### 青パパイヤのサラダ

**材料と作り方（2人分）**
1. 青パパイヤ200ｇは皮をむいてせん切りにし、水にさらして水けをきる。さやいんげん5本はゆでて3㎝長さに切る。きくらげ（乾燥）5ｇは水で戻す。
2. 〈タイ風ドレッシング〉と1.をよくあえ、器に盛り、戻した干しえびを散らす。

---

濃厚なコクが口いっぱいに広がる

## ピーナッツつけだれ

| ナンプラー | ピーナッツペースト | 赤みそ | 砂糖 |
|:---:|:---:|:---:|:---:|
| 1 | 2 | 1 | 1 |
| (小) | (大) | (大) | (大) |

**使い方**
① たれの材料を混ぜ合わせ、湯大さじ3を加えて溶かすように混ぜる。好みで刻んだ赤唐辛子や刻んだピーナッツを加えても美味。

**ヒント** 生春巻きのつけだれや、湯の分量を少なくしてディップにしても。

---

生春巻きやサラダにあえだれにも使える

## ナンプラーつけだれ

| ナンプラー | 砂糖 | 酢 |
|:---:|:---:|:---:|
| 2 | 2 | 1/2 |
| (大) | (大) | (大) |

**使い方**
① ボウルに湯1/2カップを入れ、砂糖を溶かし、冷めたらナンプラー、酢を混ぜて、食べる直前に赤唐辛子少々をみじん切りにして加える。

**ヒント** 生春巻きのつけだれやゆで野菜のあえだれに。サラダ油を少し加えればドレッシングにもなる。

# わさび

## 素材の味を生かせる日本独自の辛味調味料

唐辛子の辛さとは異なり、鼻を突き抜ける辛みが特徴のわさび。殺菌・防腐作用があり、刺身などに添えられる。独特の香りが食欲を増進させ、油っぽい料理を緩和させる効果も。また、本わさびはすりおろして細胞を壊さない限り辛みは強くならない。市販品は、主に西洋わさびに着色していることが多い。

## わさびだし

わさびの量はお好みで炒め物にもおすすめ

● だしの材料をよく混ぜ合わせる。

**ヒント** 和風パスタや焼きうどんのだしに。ゆで野菜や温泉卵にかけても。鶏肉や豚肉の炒めだれとして使うときは塩で味を調え、ごま油を使うと風味が増す。

| わさび | 酒 | 白だし |
|:---:|:---:|:---:|
| 1 | 1 | 1 |
| 大 | 大 | 大 |

## 日本酒にも合う和風ディップ
### わさびディップ

| クリームチーズ | わさび | だしじょうゆ |
|:---:|:---:|:---:|
| 80 | 1 | 1 |
| g | 小 | 大 |

**使い方**
①ディップの材料をよく混ぜ合わせる。②パンやクラッカー、野菜スティックにつけて。もちろんそのままでもおいしい。ステーキに添えても◎。
**ヒント** 大根をごく薄い輪切りにしてディップをサンドしておつまみに。

## わさびだしで作る
### わさび風味の和風パスタ

**材料と作り方（2人分）**
1.フライパンにごま油大さじ2を熱し、ひと口大に切った鶏もも肉1枚を炒め、肉に火が通ったら酒大さじ2、〈わさびだし〉とパスタのゆで汁大さじ4、袋の表示よりも1分早くゆで上げたスパゲティ160gの順に加えてよく炒める。2.斜め薄切りにした九条ねぎ3本を加えてさっとあえて火を止める。

## ゆずこしょう

**ゆずのさわやかな香りとピリリとした辛さが際立つ**

九州名産として知られるこしょうの一種ではなく、ゆずの皮と唐辛子、塩を混ぜた日本の調味料。柑橘のさわやかな香りと少量でも強く辛みを感じさせる。辛みが強いのは青ゆずと青唐辛子のもの、香りが強いのは黄ゆずと赤唐辛子のもの。和食に使うイメージが強いが、ドレッシングや洋食の隠し味にも個性を発揮させる。

---

### ゆずこしょうでアレンジ
# 肉巻きおにぎりのたれ

● たれの材料をよく混ぜ合わせる。

**ヒント** 肉や野菜の炒めだれとしても。甘口、中辛、辛口など、焼き肉のたれの種類をいろいろ試して好みを決めて。

| ゆずこしょう | 焼き肉のたれ |
|---|---|
| 1/3 (小) | 5 (大) |

---

**いくらでも食べられるさっぱり味**
### ゆずこしょう塩だれ

| ごま油 | 塩 | ゆずこしょう |
|---|---|---|
| 3 (大) | 1/2 (小) | 1/2 (小) |

＋ 長ねぎみじん切り 1/2本

**使い方**
①たれの材料に長ねぎのみじん切り1/2本、レモン汁少々を加えよく混ぜ合わせる。
**ヒント** ゆで豚や冷しゃぶ、焼き鳥などにかける。炒めだれやパスタソースとして使ってもおいしい。

---

**あらゆる料理に使える香る万能みそ**
### ゆずみそ

| みそ | 砂糖 | ゆずこしょう |
|---|---|---|
| 1 (大) | 1 (大) | 1/3 (小) |

**使い方**
①たれの材料をよく混ぜ合わせる。
**ヒント** 焼きおにぎりやもろきゅうのみそとして。みりん適量で溶かせば、田楽だれや炒め物だれにも。

---

**肉巻きおにぎりのたれで作る**
### 肉巻きおにぎり

**材料と作り方（2人分）**
1. ご飯適量にみじん切りにしたたくあん・野沢菜・白いりごま各少々を加えてよく混ぜる。2. 俵形にして豚薄切り肉150gで包み、サラダ油大さじ1/2を熱したフライパンに並べ入れ、〈肉巻きおにぎりのたれ〉を加えてしっかりとたれをからませて焼き、白いりごま少々を散らす。

# 焼き肉のたれ

## 守備範囲の広い和風甘辛ソース

焼き肉やバーベキューなど肉料理の漬けだれや、もみだれとして使われることが多い。しょうゆ、香味野菜、果実、香辛料などを混ぜ合わせており、手軽に使えるため、肉料理だけでなくチャーハンや煮物などに混ぜるだけ。しょうゆをベースに甘み・酸味と味のバランスもよいので、和風ソースとして使えば応用範囲が広い調味料。

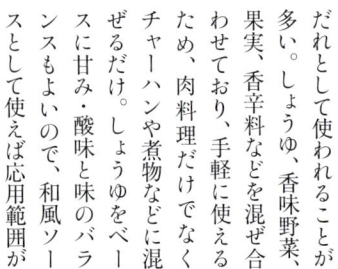

## 難しい調味料はいっさい不要!

### 角煮のたれ

● たれの材料をよく混ぜ合わせる。

**ヒント** 肉じゃがや里いも、かぼちゃの煮物に加えたり、味つけゆで卵の煮汁に。肉を炒めるときの炒めだれとして。チャーハンや炊き込みご飯を作るときに適量加えてもおいしい。

焼き肉のたれ : だし汁 : 酒
**3 : 1 : 1/2**
(大) (C) (C)

---

### 専門店もびっくり! あの味が手軽に
## 牛丼のたれ

焼き肉のたれ : 酒
**4 : 2**
(大) (大)

**使い方**
①たれの材料をよく混ぜ合わせる。②フライパンで玉ねぎと牛肉を炒め、〈牛丼のたれ〉を加えて炒め煮する。

**ヒント** 豚丼、鶏丼にも。すき焼き風にして溶き卵で食しても。

---

### 角煮のたれで作る
## 豚の角煮

**材料と作り方**(2人分)
1. 豚バラかたまり肉400gを食べやすい大きさに切り、フライパンで両面をこんがりと焼く。2. 長ねぎ10cmとしょうが1かけを加えたたっぷりの湯で1時間半ほどゆで、一晩置く。豚肉を取り出して洗う。
3. フライパンに〈角煮のたれ〉を入れ、2.を加えてふたをして弱火で30分ほど煮る。

## めんつゆ

**しょうゆがわりに手軽に使えるだしつゆ**

昆布やかつお節、しいたけ、いりこなどのだしと、しょうゆやみりん、砂糖、酒などをブレンドした調味料。市販品はストレートと濃縮タイプがある。濃縮タイプは使う料理によって希釈して使うことができる。失敗せずに手軽に味が決まるので、だしやしょうゆがわりに常備する主婦も多い。また、しょうゆのように隠し味としても使いやすい。

---

### めんつゆ漬けだれ

卵黄を入れることで刺身がまろやかな味わいに

● 漬けだれの材料をよく混ぜ合わせる。

**ヒント** 刺身を漬け込むだけでおいしくなる。まぐろ、帆立、甘えびなどとの相性がよい。すりおろした長いもと混ぜ、ご飯にのせて簡単とろろご飯にも。

めんつゆ : 卵黄 : ごま油
3（大） : 1（個） : 1/2（小）

---

### 焼きうどんのたれ

オイスターソースが味の決め手

めんつゆ : オイスターソース
3（大） : 1（大）

**使い方**
①たれの材料をよく混ぜ合わせる。②フライパンで肉と野菜を炒め、塩、こしょうをし、さっとゆでたうどんを加えて〈焼きうどんのたれ〉をかけさらに炒める。
**ヒント** オイスターソースの量は好みで加減して。

---

### まぐろの漬け丼

めんつゆ漬けだれで作る

**材料と作り方（2人分）**
1. 薄くそぎ切りにしたまぐろ（刺身用・さく）150gを〈めんつゆ漬けだれ〉に1時間以上漬ける。2. どんぶりにご飯適量を盛り、刻みのり適量を敷き、まぐろをのせて青じそ1枚と練りわさび適量を飾る。

## ジェノベーゼ

イタリアの味を代表するハーブペースト

本来はバジルと松の実、にんにく、塩、ペコリーノチーズ、パルミジャーノチーズ、オリーブ油などを混ぜてペースト状にしたソース。イタリア料理やパスタソースに使われるが、鮮やかな緑と風味豊かな香りが食欲をそそる。特にトマトやチーズに合う。加熱すると色が変色しやすいので、色を生かす場合は冷めてから混ぜるとよい。

## 2つの調味料で作る絶品万能ソース

### イタリア風マヨネーズ

●〈イタリア風マヨネーズ〉の材料をよく混ぜ合わせる。

ヒント ポテトサラダやパスタサラダのあえだれ、野菜スティックのディップに。鶏肉や豚肉の炒めだれやチャーハンの味つけに使ってもおいしい。

ジェノベーゼ : マヨネーズ
4（大） : 3（大）

### ジェノベーゼを使って彩り豊かに
### バジルドレッシング

ジェノベーゼ : 酢 : オリーブ油
1（小） : 2（大） : 1（大）

**使い方**
①ドレッシングの材料に塩・こしょう各少々を加え、混ぜ合わせる。②トマトやアボカド、玉ねぎやベビーリーフなどの野菜にかけて食べる。

ヒント 和え物やディップソースとしても使える。豆腐にかけて洋風冷や奴にしてもおしゃれ。

### イタリア風マヨネーズで作る
### イタリアンポテトサラダ

**材料と作り方（2人分）**
1. ボウルに皮ごとゆでたじゃがいも3個を入れて粗めにつぶし、刻んで炒めたベーコン50gを加えてあえる。2. 粗熱がとれたら〈イタリア風マヨネーズ〉とパルメザンチーズ大さじ2を加えてよくあえ、塩・粗びき黒こしょう各適量で味を調える。

# たれ・ソースの保存の仕方

たれ・ソースは作り置きして、いろいろな料理に
使いまわしをしたいもの。そのときに注意したいのが保存方法。
正しい方法で保存して、毎日の料理をもっと簡単ラクちんに。

### 密閉容器を使って

よく使うたれ・ソースは多めに作って保存しておきたい。保存には密閉容器を使って冷蔵庫で保存を。密閉容器に入れることによって、調味料が外の空気にふれて酸化するのを防ぎ、時間の経過で損なわれていく風味を保つことができる。

### 冷蔵庫で保存する

密閉容器に入れたたれ・ソースは通常、冷蔵庫で保存する。生鮮食品や酸化しやすい材料が使われている場合は、ラップを使って。表面にぴったりはりつけ、できるだけ外気にふれないよう注意して、早めに使いきるようにする。

### 冷凍庫で保存するときは

さらに長く保存したい場合は冷凍庫で保存を。液状のものは製氷皿で冷凍し、小分けにしてファスナーつき保存袋に入れると使いやすい。また、小さめのファスナーつき保存袋に入れて薄く平らにした状態で冷凍し、使用する分だけ割って使う方法もおすすめ。

## 調味料の保存方法

液体調味料は、開封前なら常温で保存できるが、開封後は冷蔵庫に入れて。外気にふれて起こる酸化を防ぐこと。
粉状の調味料は常温で保存できる。高温多湿・直射日光を避けて、ファスナーつきの保存袋に入れて。

# 調味料のはかり方

|  | 粉状・ペースト状 | 液状 |
|---|---|---|
| 大さじ1 | しっかり詰めてへらやスプーンの柄などですりきりに。 | いっぱいに満たし、表面張力で盛り上がってこぼれない量。 |
| 大さじ1/2 | しっかり詰めてへらやスプーンの柄などで半分量を取り除く。 | スプーンの高さの2/3くらいまで入れる。 |
| 計量カップ | 平らなところに置いて、真横から見る。 | 平らなところに置いて、真横から見る。 |

## その他のはかり方

- 少々…2本指でひとつまみする。
- ひとつまみ…親指、人さし指、中指の3本の指でつまんだ量。
- ひとにぎり…片手で軽く握った量。
- 適量…好みで量を加減する。
- 適宜…必要があれば入れる。

## 1かけとは?

**しょうが**
親指の第1関節から上の部分と同じくらいの大きさ。約10g。

**にんにく**
くし形の鱗片1個のこと。約10g。

# 主な調味料の換算表

計量カップや計量スプーンではかるのは体積（mℓ）。
重さ（g）にするとそれぞれ違う。

|  | 小さじ1 | | 大さじ1 | | カップ1 | |
|---|---|---|---|---|---|---|
|  | 重さ(g) | エネルギー(kcal) | 重さ(g) | エネルギー(kcal) | 重さ(g) | エネルギー(kcal) |
| しょうゆ | 6 | 4 | 18 | 13 | 230 | 163 |
| みりん | 6 | 14 | 18 | 43 | 230 | 554 |
| みそ | 6 | 12 | 18 | 35 | 230 | 442 |
| 精製塩 | 6 | 0 | 18 | 0 | 240 | 0 |
| 上白糖 | 3 | 12 | 9 | 35 | 130 | 499 |
| はちみつ | 7 | 21 | 21 | 62 | 280 | 823 |
| カレー粉 | 2 | 8 | 6 | 25 | 80 | 332 |
| こしょう | 2 | 7 | 6 | 22 | 100 | 371 |
| トマトケチャップ | 5 | 6 | 15 | 18 | 230 | 274 |
| ウスターソース | 6 | 7 | 18 | 21 | 240 | 281 |
| マヨネーズ | 4 | 27 | 12 | 80 | 190 | 1336 |
| 粉チーズ | 2 | 10 | 6 | 29 | 90 | 428 |
| ごま | 3 | 17 | 9 | 52 | 120 | 694 |
| 油 | 4 | 37 | 12 | 111 | 180 | 1658 |
| バター | 4 | 30 | 12 | 89 | 180 | 1341 |

調味料別に向く料理はコレ！
# 主なたれ・ソース使いまわし一覧

## 酢

- 三杯酢…19 　和/つ/漬/サ
- 土佐酢…19 　和/つ/漬/サ
- 南蛮酢…21 　和/つ/漬/ご/サ
- ピクルス液…21 　和/つ/漬/サ
- 和風ピクルスだれ…21 　和/つ/漬/サ
- 手作りすし酢…22 　和/つ/漬/ご/サ
- 甘酢マリネ…22 　和/つ/漬/ご/サ
- チヂミだれ…23 　和/つ/漬/麺/ご

## しょうゆ

- 手作りポン酢だれ…17 　和/つ/鍋/漬/サ
- ポン酢酢豚だれ…16 　和/炒/焼/つ/サ
- ポン酢浅漬けだれ…16 　和/炒/焼/つ/漬
- みたらしあん…15 　つ/デ
- 餃子のたれ…15 　和/つ/漬/サ
- 土佐じょうゆ…15 　和/つ/漬/サ
- だしじょうゆ…14 　和/つ/麺
- 和風から揚げだれ…12 　和/煮/つ/鍋
- 関東風すき焼きだれ…11 　和/つ/煮/漬
- 焼き肉漬けだれ…10 　炒/焼/つ/漬
- 関東風煮物だれ…10 　和/炒/焼/煮
- 基本の煮魚だれ…9 　和/炒/焼/つ
- 和風基本だれ…7 　和/炒/焼/煮/漬/つ

## みそ

- みそ煮込みのもと…41 　煮/鍋
- 土手鍋のみそ…40 　炒/焼/煮/鍋/漬/麺
- 酢みそ…39 　和/つ/漬/サ
- ハニーみそだれ…36 　焼/つ/漬
- 焼きおにぎりだれ…36 　焼/煮/鍋/漬
- 西京焼きの漬け床…36 　煮/鍋/漬
- 魚のみそ煮だれ…35 　煮/鍋

## 塩

- 豆乳マヨネーズ…33 　和/つ/漬/サ
- 塩麹ゆずこしょうソース…32 　和/炒/つ/鍋/漬
- べったら漬け塩だれ…32 　和/炒/焼/つ/漬
- ガーリック塩だれ…31 　和/炒/焼/つ/麺/サ
- 塩だれ…31 　和/炒/焼/つ/サ

## 酢

- 洋風すし酢…29 　和/つ/漬/サ
- 赤ワインビネガーのピクルス液…29 　和/つ/漬/サ
- 和風カルパッチョソース…28 　和/炒/焼/漬/サ
- こってり黒酢だれ…27 　和/炒/焼/漬/サ
- 黒酢の酢豚だれ…26 　和/炒/焼/漬/サ
- 洋風照り焼きだれ…25 　和/炒/焼/漬/麺/サ
- バルサミコソース…24 　和/炒/焼/漬/麺/サ
- 冷やし中華だれ…23 　和/つ/漬/麺/サ

## 記号の見方

和＝和え物　炒＝炒め物　焼＝焼き物　煮＝煮物　つ＝つけだれ　鍋＝鍋物
漬＝漬け込みだれ　麺＝麺類　ご＝ご飯類　サ＝サラダ類　デ＝デザート類

## ソース

- 中華ソーススープ…59　煮・つ・鍋
- ソース煮物だれ…60　炒・焼・煮・漬・麺
- ソース炒めだれ…61　炒・焼・つ・麺
- 焼きそば基本ソース…61　炒・焼・つ・麺・ご
- 手作りかき風味ソース…62　和・炒・焼・つ・麺

## ケチャップ

- ケチャップサティソース…57　和・炒・焼・煮・麺
- えびチリソース…56　和・炒・焼・煮・麺
- 甘酢あん…56　和・炒・焼・煮・麺
- ハンバーグソース…55　和・焼・煮・つ・麺

## 砂糖

- はちみつ焼き肉だれ…53　炒・焼・つ・漬・麺
- 洋風スペアリブだれ…52　炒・焼・つ・漬・麺
- 大学いもだれ…51　和・つ・デ
- 甘辛だれ…50　焼・煮・つ・漬

## だし

- 白だしジュレ…47　和・つ・麺・サ
- スイートマリネ液…47　和・つ・漬・麺
- 白だしの煮物だれ…46　和・煮・つ・鍋・麺
- 卵焼きのもと…44　煮・鍋・麺・ご
- 八方だし…43

## 粒マスタード

- 塩麹マスタード漬けだれ…77　炒・焼・煮・つ・漬
- 和風マスタード…77　和・炒・焼・つ・ご
- マスタードソース…77　和・炒・焼・つ・ご

## 油

- 中華風浸しだれ…75　和・炒・焼・つ・サ
- ナムルだれ…74　和・炒・焼・つ・サ
- 和風オリーブソース…73　和・炒・焼・煮・麺・サ
- 黒オリーブとアンチョビのソース…73　和・炒・焼・煮・麺・サ
- オイルベース…72　和・炒・焼・煮・麺・サ
- ハーブバター…71　和・炒・焼・つ・麺
- 卵黄バターソース…71　つ・麺・サ

## マヨネーズ

- フルーツサラダソース…69　和・炒・つ・麺・サ・デ
- アイオリソース風マヨディップ…68　和・炒・つ・麺・サ
- タルタルソース…67　和・炒・つ・麺・サ
- クリーミーソース…66　和・炒・つ・麺・サ
- オーロラソース…66　和・炒・つ・麺・サ
- えびマヨソース…65　和・炒・つ・麺・サ

## ホワイトソース
- グラタンソース…89
- クリームシチューソース…89

## フルーツ
- いちじくソース…85
- 和風ストロベリーソース…85
- レモン塩だれ…87
- ゆずポン酢…86
- アボカドディップ…86
- キウイドレッシング…87
- Wベリーソース…87

## ドレッシング
- 基本のドレッシング…78
- アンチョビドレッシング…78
- バルサミコドレッシング…79
- みそマヨディップ…80
- ピリ辛ドレッシング…80
- ゆずこしょうドレッシング…80
- バーニャカウダソース…82
- 香味ドレッシング…82
- エスニックドレッシング…83

## ごまペースト
- ごまソース…99
- 担々麺ペースト…99
- 和風ごまだれ…98
- 洋風ごまだれ…98

## ピーナッツペースト
- 韓国風ピーナッツソース…97
- ガドガドソース…97

## ヨーグルト
- ヨーグルトみそディップ…96
- ヨーグルトソース…96

## 生クリーム
- チョコレートソース…95
- 生クリームソース…95
- ビーフストロガノフソース…94

## トマトソース
- 基本のトマトソース…93
- ミートソースのもと…93

## デミグラスソース
- ビーフシチューソース…91
- ロコモコ丼ソース…91
- ハヤシライスソース…91

## コチュジャン
- コチュジャンだれ…109 【和・炒・焼・つ・サ】
- 韓国風漬けだれ…109 【炒・焼・漬】
- スタミナ焼きのたれ…109 【炒・焼・漬】

## 豆板醤
- 麻婆ペースト…107 【和・炒・焼・つ・麺】
- バンバンジーだれ…107 【和・炒・焼・つ・サ】
- ピリ辛和え物だれ…107 【和・炒・焼・つ・サ】

## 甜麺醤
- 中華風甘辛だれ…106 【炒・焼・漬】
- 中華風照り焼きだれ…106 【炒・焼・漬】
- 肉みそのたれ…106 【和・炒・焼・つ・麺】

## オイスターソース
- 中華おこわのもと…105 【炒・焼・ご】
- オイスターカレーだれ…105 【炒・焼・つ・麺】
- タイ風炒め物ソース…105 【和・炒・焼・つ・サ】

## カレー粉
- タンドリーチキンの漬けだれ…101 【炒・焼・つ・漬】
- カレーマヨソース…101 【和・炒・焼・つ・麺】
- レッドカレーのもと…102 【炒・焼・煮・鍋・麺】
- 簡単タイカレーソース…103 【炒・焼・煮・鍋・麺】

## その他
- わさびディップ…116 【煮・炒・麺】
- わさびだし…116 【つ・サ】
- 肉巻きおにぎりのたれ…117 【和・炒・焼・漬・ご・サ】
- ゆずみそ…117 【和・炒・焼・漬】
- 角煮のたれ…118 【炒・焼・煮・漬】
- 牛丼のたれ…118 【炒・焼・煮・漬】
- めんつゆ漬けだれ…119 【炒・焼・煮・つ】
- イタリア風マヨネーズ…120 【和・炒・焼・つ・麺・サ】

## ナンプラー
- フォースープ…114 【つ・鍋・麺・ご】
- パッタイのたれ…114 【和・炒・焼・麺・ご】
- ナシゴレンのもと…113 【炒・焼・ご】

## スイートチリソース
- マイルド甘辛だれ…111 【和・炒・焼・つ・漬】
- トマトチリソース…111 【炒・焼・つ・漬】
- 中華あんかけのもと…111 【和・炒・焼・ご】

## たれ・ソースの黄金比レシピ345

Staff
編集・制作／regia
編集・執筆協力／吉田和恵、富田純子、清水和子、やまもとゆうか
写真／本田犬友
イラスト／坂之上正久
調味料製作／岩崎由美、高橋陽子
料理製作／庄治万知代
校閲／滄流社

| | |
|---|---|
| 編集人 | 泊出紀子 |
| 発行人 | 永田智之 |
| 発行所 | 株式会社 主婦と生活社 |
| | 〒104-8357　東京都中央区京橋3-5-7 |
| | 編集部　TEL 03-3563-5321 |
| | 販売部　TEL 03-3563-5121 |
| | 生産部　TEL 03-3563-5125 |
| 印刷所 | 大日本印刷株式会社 |
| 製本所 | 株式会社若林製本工場 |

乱丁・落丁の場合はお取り替えいたします。
お買い求めの書店か、小社生産部へご連絡ください。

Ⓡ 本書を無断で複写複製（電子化を含む）することは、著作権法上の例外を除き、禁じられています。本書をコピーされる場合は、事前に日本複製権センター（JRRC）の許諾を受けてください。
また、本書を代行業者等の第三者に依頼してスキャンやデジタル化をすることは、たとえ個人や家庭内の利用であっても一切認められておりません。
JRRC（http://www.jrrc.or.jp　Eメール jrrc_info@jrrc.or.jp　TEL 03-3401-2382）

ISBN978-4-391-14460-4
©SHUFU-TO-SEIKATSUSHA 2014 Printed in Japan